Marcia Bortolanza
Even Sacchi

E DEPOIS QUE O CORAÇÃO APERTA?

Copyright© 2022 by Literare Books International
Todos os direitos desta edição são reservados à Literare Books International.

Presidente:
Mauricio Sita

Vice-presidente:
Alessandra Ksenhuck

Diretora executiva:
Julyana Rosa

Diretora de projetos:
Gleide Santos

Capa, diagramação e projeto gráfico:
Gabriel Uchima

Revisão:
Rodrigo Rainho

Relacionamento com o cliente:
Claudia Pires

Impressão:
Gráfica Paym

Dados Internacionais de Catalogação na Publicação (CIP)
(eDOC BRASIL, Belo Horizonte/MG)

B739e Bortolanza, Marcia.
   E depois que o coração aperta? / Marcia Bortolanza, Even Sacchi. – São Paulo, SP: Literare Books International, 2022.
   16 x 23 cm

   ISBN 978-65-5922-434-0

   1. Literatura de não-ficção. 2. Empreendedorismo social. 3. Associações sem fins lucrativos – Administração. I. Sacchi, Even. II. Título.

CDD 658.048

Elaborado por Maurício Amormino Júnior – CRB6/2422

Literare Books International.
Rua Antônio Augusto Covello, 472 – Vila Mariana – São Paulo, SP.
CEP 01550-060
Fone: +55 (0**11) 2659-0968
site: www.literarebooks.com.br
e-mail: literare@literarebooks.com.br

"Meu coração, não sei por que, bate feliz quando te vê."
Que essa linda frase da letra composta por Braguinha
para a canção de Pixinguinha, dois gigantes da música brasileira,
inspire você a se apaixonar por uma OSC.

Agradecimentos

Agradecemos a todos os nossos convidados para esta obra, que nos presentearam com seus conhecimentos, ideias e *expertise* no Terceiro Setor, com a generosidade de quem quer difundir conhecimento.

Nossa gratidão também à Secretaria para a Comunicação da Santa Sé, pela autorização de uso das frases do Papa Francisco extraídas de suas redes sociais, e ao querido Padre Joãozinho (sacerdote do Sagrado Coração de Jesus), por ter permitido a utilização de sua frase sobre solidariedade e felicidade.

Desejamos também agradecer às nossas famílias, que, com muito carinho, sempre nos incentivaram a levar adiante nossa vocação ao voluntariado.

Apresentação

Quantas pessoas e quantas causas cabem em seu coração?

Dizem que a alma grande é generosa, tem uma visão larga e vislumbra um campo enorme para fazer o bem. Contudo, dispor o coração para fazer o bem exige não somente essa grandeza de alma, embora seja esse o cerne de qualquer atitude solidária, mas uma vontade moldada para produzir frutos que verdadeiramente terão um efeito positivo na vida do outro e no planeta em que vivemos.

Com essa ideia na cabeça, reunimos neste livro algumas práticas de governança importantes para o sucesso de qualquer iniciativa social e elencamos características fundamentais que podem e devem ser aprimoradas para o cumprimento da missão a que se propõe um empreendedor social ou o colaborador de uma Organização da Sociedade Civil.

Não temos a pretensão de fazer uma obra acadêmica nem de esgotar o assunto, que a cada dia ganha mais holofotes, mas com a valiosa contribuição de importantes atores do Terceiro Setor no Brasil, buscaremos colocar experiências práticas a serviço daqueles que pretendem ingressar ou ampliar suas ações nas OSCs. Veremos como as organizações da sociedade civil podem contribuir, e muito, por meio de parcerias envolvendo o Primeiro Setor (governo) e o Segundo Setor (iniciativa privada).

O ponto de partida e o fio condutor desta obra e de tudo o que apresentarmos aqui é a solidariedade, pois sem essa qualidade de estarmos dispostos a ajudar, acompanhar ou defender outra pessoa, ou então uma causa, corremos o risco de protagonizar atitudes vazias e de não levar a cabo nossas boas obras.

A primeira característica que deve ter uma pessoa que quer conduzir um negócio social ou se engajar numa dessas iniciativas é a prontidão para ser o primeiro a colaborar, não esperar que todas as coisas sejam entregues de bandeja. Algo que não cabe no vocabulário de um verdadeiro empreendedor social é a expressão "de vez em quando", pois a vontade inquebrantável de impactar e transformar a vida de pessoas em situação de vulnerabilidade é que imprime eficiência em cada passo.

Pois bem, então, se temos que ter constância e responsabilidade em cada detalhe na condução de uma OSC, a condição *sine qua non* é fazer com que a organização do bem não tenha a duração de fogos de artifício, mas tenha alicerces bem construídos e planejados. A profissionalização nas áreas-chaves deve ser buscada e viabilizada sempre. Sem esse movimento, em muitos casos, as ações que partem da compaixão, empatia e solidariedade se esvaziam rapidamente.

O que buscamos com esta obra é trazer um material de apoio e até uma direção para os que têm uma ideia transformadora na cabeça e sentem o impulso de conduzir um negócio social.

Nosso desejo é ver ações de Solidariedade se tornando ações concretas, levadas a efeito para o bem das causas mais diversas.

Fizemos esta obra em tempos de pandemia do coronavírus e acreditamos que, em meio a uma das maiores crises sanitárias da história, aprendemos a dar importância ao que é essencial e a olhar mais para o próximo. Tivemos mais tempo para pôr ordem em nosso interior e acabamos percebendo que tínhamos lugar de sobra para sermos mais fraternos.

Que as lições deste período difícil possam ser frutuosas na condução das organizações da sociedade civil, que, se bem geridas e tendo em seus quadros pessoas comprometidas e competentes, serão âncoras de ações mais humanizadas e eficazes. Afinal, nos anos pós-pandemia a sensibilidade da caridade tem que estar à flor da pele.

Terminamos com o trecho de um famoso poema do espanhol Antonio Machado, palavras certamente instigantes para aqueles que não têm medo de abrir caminhos onde muitos não os veem:

"Caminhante, são teus passos o caminho e nada mais; caminhante, não há caminho, faz-se caminho ao andar".

Introdução

Um país com dimensões gigantescas e com desigualdades idem. No Brasil, as organizações da sociedade civil encontram um campo fértil para sua atuação; afinal, onde houver uma necessidade premente ou uma lacuna de ações governamentais, lá estará uma oportunidade para que pessoas que têm em sua veia o empreendedorismo se empenhem em defender vidas, a natureza, os trabalhadores e demais causas relevantes. E aqui falamos de exemplos e números, não de suposições. O total de favelas dobrou nos últimos dez anos e cerca de 30 milhões de brasileiros estão na faixa da insegurança alimentar grave, ou seja, passam fome. A Covid-19 não fez distinção de classe social, embora tenha sido especialmente devastadora entre os mais pobres: o Índice Gini, que mede a desigualdade socioeconômica, subiu 2,82% no primeiro trimestre completo da pandemia.

Levamos em conta ainda uma boa notícia. Em 2021, o Brasil subiu 14 posições no *ranking* dos 114 países mais generosos do mundo, em relação a 2018, pelo World Giving Index, pesquisa realizada pela CAF – Charities Aid Foundation, da qual o Instituto para o Desenvolvimento do Investimento Social (IDIS) é o representante brasileiro. Ficamos no

54º lugar. A expansão inédita da filantropia ocorreu no mundo inteiro, não obstante, ao comparar os dados de 2015 com os de 2020, a doação encolheu no Brasil. Enquanto em 2015 77% da população havia feito algum tipo de doação, em 2020 o percentual caiu para 66%. "Apesar da queda das doações, a cultura de doação se fortaleceu nos últimos cinco anos. A sociedade está mais consciente da importância da doação e tem uma visão muito mais positiva das organizações da sociedade civil e de seu trabalho. As classes mais privilegiadas demonstraram maior grau de solidariedade e responderam à crise de 2020 doando mais", afirma Paula Fabiani, CEO do IDIS. Para engrossarmos esse caldo do momento atual do Brasil na questão de doações, trazemos os números do Monitor das Doações da ABCR, segundo o qual foram doados mais de 7 bilhões de reais nesse período de pandemia que atingiu o país em cheio a partir de março de 2020.

Vamos agora a algumas explicações práticas sobre a forma como trataremos as siglas que se referem às organizações da sociedade civil. Muitos preferem a boa e velha sigla ONG – Organizações Não Governamentais, e outros, a sigla OSC – Organizações da Sociedade Civil. Particularmente depois do Marco Regulatório das OSCs (MROSC), publicado em 2014, foi referendada a sigla OSC. O Marco Regulatório normatiza a transferência de recursos do governo para as organizações da sociedade civil, portanto, trata especificamente das OSCs que têm parcerias com o poder público. Nesta obra, vamos falar também dos chamados negócios de impacto, ou seja, aqueles empreendimentos sociais que vieram para resolver um problema das populações vulneráveis, mas com um modelo de negócios que gera lucro. Devido à complexidade do Terceiro Setor, precisamos esclarecer que nem todos os formadores e *players* desta seara das ONGs concordam que todas as modalidades de empreendimentos sociais devem ser colocadas no mesmo patamar. O fato é que existem várias personalidades jurídicas no ecossistema das OSCs.

O Terceiro Setor pode ser composto por uma associação, fundação ou organização religiosa. No Brasil, estima-se que 80% do Terceiro Setor são compostos por associações, pois nessa forma jurídica não é preciso ter capital inicial, apenas uma causa, boa vontade, planejamento e estratégia para captar recursos. Já uma fundação pressupõe um recurso já existente; por isso, vemos que as fundações são geralmente de empresas do setor privado que decidem trabalhar também por uma causa social ou ambiental. Procuramos trazer luzes aos modelos de organizações sociais que partem do desejo de preencher lacunas e combater problemas sociais Brasil afora.

Agora, um outro ponto a esclarecer. No Brasil, não há pesquisas consensuais sobre o número de organizações da sociedade civil. Em sua última pesquisa publicada em agosto de 2021, o Mapa das OSCs do Ipea (Instituto de Pesquisa Econômica Aplicada) identificou mais de 815 mil organizações. Para muitos estudiosos do Terceiro Setor, esse número é equivocado, pois só são levados em conta os CNPJs das OSCs, sem a constatação de atividade atual. Já a Fasfil (Fundações Privadas e Associações Sem Fins Lucrativos), do IBGE, aponta a existência de cerca de 300 mil OSCs. No entanto, pela metodologia da Fasfil, perdem-se do radar algumas organizações muito pequenas. O fato é que dessas 300 mil ONGs, 75% não têm nenhum funcionário, somente reúnem grupos de voluntários por uma causa. Não que elas não sejam importantes, pois o são, e muito. Entretanto, para o mercado, essas organizações não aparecem e seu impacto social é pequeno. Ainda fazem parte dessas 300 mil OSCs aquelas que têm no máximo cinco funcionários. É só fazer a conta que chegaremos a um número de aproximadamente 40 mil OSCs com mais de dez ou 20 funcionários, ou seja, aquelas que realmente movimentam a economia.

De qualquer forma, estamos falando de um setor que emprega 3 milhões de trabalhadores e movimenta 3% do PIB brasileiro. "A Indústria do Terceiro Setor é maior do que a bem-sucedida Indústria de Cosméticos", compara um de nossos convidados nesta obra, o Prof. Michel Freller, do NEATS/PUC-SP. O Prof. Michel se junta a outros tantos formadores e *players* do Terceiro Setor que terão voz nestas páginas. Trouxemos a importante experiência e *expertise* de quem está à frente deste pungente universo; mais do que isso: muitos foram precursores da formação, regulamentação e elaboração de códigos de ética que regem as organizações da sociedade civil brasileiras, como Celia Cruz. Com suas histórias de vida e profissão, nossos convidados têm muito a compartilhar de sua vivência de décadas na consultoria e apoio a inúmeras OSCs; e inclusive no *advocacy* que resultou na criação da profissão de captador de recursos, hoje, no Código Brasileiro de Ocupações.

Além dos números e do compartilhamento de conhecimento desses apaixonados pelo Terceiro Setor, você, caro leitor, conhecerá as pessoas por trás das OSCs. Histórias inspiradoras de gestores de organizações sociais que têm reta intenção e muita garra para seguir em frente, apesar dos obstáculos gerados pelas crises financeiras constantes. Eles trazem à tona os acertos e os erros na gestão.

Histórias de vida e doação recheiam estas páginas também quando o assunto é a importante missão do voluntariado. Os voluntários protagonizam ações capazes de provocar um grande impacto positivo na sociedade. Nós, as autoras, também colocamos aqui nossa experiência como voluntárias.

Ainda nesta obra, discutimos sobre caridade e solidariedade. Muitos rechaçam a ideia do assistencialismo, mas quem duvida que no Brasil, e não só, ainda é preciso prover o básico para populações em situação de extrema vulnerabilidade? Trazemos as visões religiosa e sociológica sobre o tema.

E falaremos também da magnanimidade do agradecimento. Você sabia que as ONGs devem fazer uma visita para pedir recursos e outras quatro só para agradecer aos apoiadores? Pois bem, essa é uma dica de Marcelo Estraviz, criador, dentre outras inciativas, do Prêmio 100 Melhores ONGs.

Esperamos contribuir com a tomada de decisão de todos os que pretendem ser empreendedores sociais, iniciar um voluntariado ou escolher uma causa e uma ONG para chamar de sua. Enfim, temos o desejo de trazer um bom e prático material sobre gestão e profissionalização de OSCs, traçando o retrato de um momento da humanidade marcado de forma indelével pela pandemia de coronavírus, que pode mudar para sempre o jeito que olhamos para o outro.

Boa leitura!

Sumário

Parte 1:
Gestão, profissionalização e confiabilidade das OSC's

Capítulo 1:
A captação de recursos e seus avanços no Brasil 23

Capítulo 2:
Sem puxadinhos – capacitação gera eficiência 35

Capítulo 3:
Cabeça de solução 45

Capítulo 4:
Medir impacto é preciso – ouvir para avaliar 51

Capítulo 5:
Cursos de capacitação e aprimoramento 65

Capítulo 6:
Como criar e manter uma OSC 77

Capítulo 7:
Como fogos de artifício? 83

Capítulo 8:
Doação tem que virar conversa de bar..............................99

Capítulo 9:
Tudo o que você precisa saber
para se apaixonar por uma ONG..................................113

Parte 2:
As OSC's na prática e sua gente

Capítulo 1:
União de forças e empoderamento................................127

Capítulo 2:
Xô, comodismo!...139

Histórias de doação – o que motiva a solidariedade?.........151

Capítulo 3:
Coração nobre...153

Capítulo 4:
Um papai noel autêntico que não gostava do Natal.........167

Parte 3:
Caridade, solidariedade e voluntariado

Caridade, solidariedade... ação!...................................183

Capítulo 1:
Somos *sommeliers* do bem?..185

Capítulo 2:
A solidariedade não é abstrata..195

Capítulo 3:
Voluntariado: o que é que eu ganho com isso?..................205

Capítulo 4:
Não dá para ser McDonald's...217

Capítulo 5:
Minha experiência - O papel de cada um
(por Marcia Bortolanza) 227

Capítulo 6:
Minha experiência - Comunicação gera transparência
(por Even Sacchi) 241

Capítulo 7:
O que move a grande maioria
dos voluntários é a solidariedade...245

Capítulo 8:
O retorno positivo das empresas que doam e
seguem práticas de ESG e Compliance...............................249

Parte 1

Gestão, profissionalização e confiabilidade das OSC's

CAPÍTULO 1:
A CAPTAÇÃO DE RECURSOS E SEUS AVANÇOS NO BRASIL

Convidado: João Paulo Vergueiro, diretor-executivo da ABCR (Associação Brasileira de Captadores de Recursos) e professor de responsabilidade social empresarial na FECAP (Fundação Escola de Comércio Álvares Penteado), uma instituição brasileira de ensino superior sem fins lucrativos, cujo campo de estudo é gestão de negócios. João Paulo é mestre em administração pública pela FGV-SP, bacharel em Direito pela USP, conselheiro da Fundação Amor Horizontal, da Kibô-no-Iê e do Conselho Regional de Administração de São Paulo, além de liderar a campanha #diadedoar, versão brasileira da campanha #GivingTuesday.

A ABCR reúne os profissionais de captação de recursos e desenvolvimento institucional do setor social brasileiro e foi criada em 1999, tendo entre suas principais metas trabalhar para assegurar a credibilidade e representatividade da profissão e apoiar organizações sociais na importante tarefa de construir uma sociedade mais justa[1].

A captação de recursos pode ser comparada ao coração no corpo humano, ou seja, é um órgão vital, mas que não trabalha bem se os outros

---

[1] https://captadores.org.br/

órgãos não realizarem sua função de modo saudável. Gerenciar essa área das organizações sociais muitas vezes representa enfrentar o desafio de navegar em águas turbulentas, de buscar sempre a capacitação para levantar fundos e suprir as necessidades materiais das OSCs, a fim de que a causa abraçada realmente chegue a um bom termo e permaneça firme por longos anos. Os captadores, especialmente os gerentes do setor, precisam elaborar uma apresentação clara sobre o impacto que a OSC pretende gerar mês a mês, e ter uma estratégia eficaz de como conduzir o processo de arrecadação.

JP, como nosso convidado é conhecido, afirma que o Brasil é muito forte no Terceiro Setor, levando em conta os números do Mapa das OSCs, que apontam para mais de 815 mil organizações; segundo ele, um número expressivo, se comparado aos da maioria dos países no mundo.

"Isso não quer dizer que essas entidades sejam bem administradas, profissionalizadas; aliás, a maioria delas sequer tem funcionários. Mas o volume significa que temos muitas organizações com boa gestão, estrutura e equipe contratada. A área de captação no Brasil, apesar da pandemia, está muito aquecida. Nós, da ABCR, estamos sempre divulgando vagas para captadores, mas o setor está em aquecimento e não há bons profissionais disponíveis, pois todos vão sendo absorvidos pelo mercado."

A ABCR promove todos os anos um festival, que tem como intenções compartilhar conhecimento, trazer novidades e mostrar tendências do setor de captação de recursos. É a maior conferência da América Latina voltada à formação, ao desenvolvimento profissional e ao desenvolvimento do setor de captação, que na fase mais grave da pandemia foi feita *on-line*. JP fala do desafio e das dificuldades de fazer um evento que quer aproximar profissionais em período de distanciamento social.

"O Festival ABCR tem um forte componente de conteúdo, por isso, temos dezenas de palestras sobre muitos temas; mas também existe um componente de integração marcante, de interação das pessoas, de construção de senso de comunidade, de pertencimento, e, sem dúvida, o distanciamento diminui a potencialidade do evento. Nós não conseguimos manter de forma tão eficaz o entrosamento que acontece na modalidade presencial. Pessoalmente, nós conversamos, tomamos café juntos, nos reconhecemos como profissionais do setor, colocamos a conversa em dia, enfim, celebramos juntos! Um evento presencial tem essa pegada de as pessoas se abstraírem das suas atividades diárias e dedicarem três dias para encontrarem outras como elas, compartilhar suas dificuldades, papear, falar de desafios e conquistas, o que enriquece muito o setor ano a ano."

Fontes de captação e a readaptação na pandemia

Para a captação das organizações em si, os percalços são ainda maiores em época de pandemia, já que houve um *boom* de doações logo no início da crise sanitária e, depois, um arrefecimento desse fluxo.

"Talvez, o maior desafio deste setor neste período de pandemia seja manter as fontes e os fluxos de receita, pois as atividades que envolvem interação física entre as pessoas são de fundamental importância para

a captação, e os modelos tradicionais não podem mais ser seguidos. Não há pesquisas sobre o assunto, mas o que sabemos pela experiência e por observação é que uma boa parte da captação de recursos é realizada por eventos, atividades presenciais, como, por exemplo, festas juninas, que são eventos que resultam em grande captação no Brasil inteiro, e outras atividades como almoços solidários, cafés, feijoadas... Além disso, a própria captação nas ruas, que se chama diálogo direto, também foi interrompida. Como captação envolve um pedido de doação para alguém, o fato de as pessoas não estarem mais próximas umas das outras (e se estão próximas, estão mascaradas) diminui bastante a capacidade de as organizações abordarem possíveis doadores; por isso, a readaptação à nova realidade é condição inquestionável para as organizações."

O diálogo direto, técnica de falar cara a cara com o potencial doador, não à toa chamada de *face to face* em inglês, é bastante comum em locais de grande fluxo de pessoas, como nas avenidas Paulista e Luís Carlos Berrini, na capital paulista. Geralmente, é uma prática de grandes organizações, pois demanda investimento, estrutura, equipe muito bem treinada e tecnologia, já que se usa um *tablet* para fazer o cadastro dos dados do doador e até o recebimento da doação em cartão de crédito, por exemplo. Para que haja credibilidade com a utilização do diálogo direto, a entidade tem que ser bastante conhecida e os voluntários ou funcionários que fazem a abordagem precisam estar uniformizados e com crachá. Ninguém sai doando assim, inadvertidamente no meio da rua, portanto, uma estrutura correta é de fundamental importância.

"Para algumas organizações, o diálogo direto tem peso maior, para outras, menor. Cada OSC tem o seu perfil de composição de receita, por isso, não se pode precisar qual o percentual ideal de captação de rua. Entretanto, é muito importante que as organizações busquem a receita livre, ou seja, aquela do doador que doa para a ONG, e não para um projeto específico, e, de preferência, aquele que doa com regularidade. Esse tipo de arrecadação deve representar de 50% a 70% da receita das organizações sociais."

Profissionalização dos captadores de recursos

João Paulo Vergueiro é um dos grandes articuladores do setor de captação de recursos das OSCs em nosso país. Ele acredita que, sem profissionalização, o caminho das organizações sociais tende a ficar árido em pouco tempo, tirando a chance de sobrevida e a possibilidade de causar impacto na sociedade por anos duradouros.

"Não existe uma formação obrigatória e única para ser captador de recursos em uma OSC, tanto que a origem dos profissionais do setor é bastante diversa: temos captadores formados em Administração, Comunicação, Assistência Social, em Direito etc. Para ser engenheiro, você não pode vir de qualquer profissão, tem que ter diploma, já para ser captador, a barreira de entrada é muito pequena, mas o postulante à vaga deverá se capacitar. O gerente da área precisa, além de ter o perfil do captador, compreender o escopo dessa profissão, ter uma visão abrangente de liderança de equipe de OSC, entender de processos e de planejamento; em suma, deve entender de captação e de gestão de time de ONG."

A solidariedade e o dinheiro

As ONGs têm CNPJ sem fins lucrativos, embora a relação com o dinheiro tenha que seguir critérios bem definidos, já que, de outra forma, não há como sobreviver e continuar causando impacto.

"Empresa existe para ganhar dinheiro e para ter lucro financeiro, mas do meu ponto de vista, se uma empresa não tem a preocupação em tornar o ambiente em que ela atua melhor para todos, ela mesma provavelmente verá reduzidas suas chances de futuro, pois entendo que as empresas crescem mais numa sociedade saudável, que está se desenvolvendo e criando possibilidade de crescimento conjunto.

Agora, numa organização criada para 'mudar o mundo', gerar impacto social, tudo parte da solidariedade e o objetivo principal é o impacto que se pretende gerar. Uma ONG trabalha pela causa, existe pela solidariedade e tem que ser transparente sempre. A par disso, a OSC tem que mobilizar recursos de diferentes fontes e gerir bem os valores que arrecada para se manter ativa e até ampliar seus benefícios/resultados ao público-alvo que depende de sua atuação.

O segredo para as organizações sem fins lucrativos serem longevas é uma boa gestão e a preocupação com as receitas, não só com as despesas, porque é muito comum os gestores da ONG focarem na causa, terem muita energia e amor pela causa e esquecerem que é preciso gerar receita para bancar esse trabalho. Em suma: é importante priorizar o dinheiro que está entrando também, não só o que está saindo. As ONGs focadas na receita e que buscam constância na captação, ou seja, na entrada de dinheiro, têm mais chances de sucesso."

Criatividade e diversidade de fontes de arrecadação

O Terceiro Setor é o que mais tem diversidade de fontes de receita, quando comparado à administração pública e às empresas da iniciativa privada.

"Os governos se financiam em grande parte com impostos, as empresas vendem produtos ou serviços, já as OSCs têm várias fontes de recursos: dinheiro público, de doações, dinheiro privado, e ainda podem prestar serviços e vender produtos. É preciso compreender essa diversidade e usá-la com criatividade a favor da causa. As universidades e hospitais filantrópicos, por exemplo, se financiam com serviços, e esse modelo é bastante usado no Terceiro Setor: oferecer serviços com renda revertida para a organização."

Captação ou mobilização?

Hoje, há entre os gestores das organizações da sociedade civil duas nomenclaturas para o setor que capta recursos diversos para a entidade: captação e mobilização de recursos; em inglês, *fundraising*. A expressão mobilização de recursos veio para ampliar o sentido dessa ação de providenciar os fundos para a sustentabilidade da OSC, trazendo uma visão mais sistêmica sobre as fontes de captação, envolvendo não só valores em dinheiro, mas doações de toda espécie, inclusive de tempo e comprometimento, no caso do voluntariado.

"Nomenclaturas à parte, o que importa é que a entidade tenha a preocupação de gerar receita para gerar impacto, de mobilizar e captar seus recursos não só quando o dinheiro acaba, mas desenvolvendo

a capacidade de pensar estrategicamente na sua receita. Só assim as contas fecham no fim do mês."

A internet alavanca e favorece a captação de recursos

Para João Paulo Vergueiro, *"a internet facilita muito a captação de recursos, sendo uma grande parceira da captação, porque ela torna o relacionamento entre as ONGs e seus potenciais financiadores muito mais próximo e acessível. Hoje, se pode fazer uma doação em dez segundos; mais do que isso: se a pessoa tem o cartão de crédito cadastrado no celular, ela doa em cinco segundos. Fazer uma compra no e-commerce ou um lance num leilão solidário é muito rápido, basta um clique. Além disso, a comunicação pode ser muito mais ágil e menos onerosa: mandar um e-mail para os apoiadores é muito mais rápido do que enviar uma carta todos os meses. Enfim, a internet é uma colaboradora incrível para a captação porque potencializa todas as ações".*

Um assunto bastante discutido no setor de captação é a prática de oferecer comissão aos profissionais da área para motivá-los. Entende-se que o captador não pode ser comparado a um vendedor de empresa da iniciativa privada, por exemplo, onde esse estímulo é oferecido de praxe. Além do mais, há outras formas de motivar e valorizar os captadores sem mexer no valor doado. Muitos defendem que deve haver proibição de premiar, bonificar e distribuir o valor das doações conquistadas pelos captadores e que esse tema deve fazer parte do estatuto da OSC, pois seria desleal com o doador que parte do valor doado fosse revertida como comissão para o profissional da captação.

Veja o que pensa João Paulo Vergueiro:

"Eu acredito que, inicialmente, o captador de recursos deve ser um membro da equipe da organização, como todos os demais funcionários, com salário fixo, carteira assinada etc. Se isso não for possível, a organização pode pensar em uma remuneração variável, de preferência por bônus sobre resultados captados, e não comissionamento. A comissão sobre o valor doado como única forma de remuneração do captador não é recomendada em nenhum lugar do mundo nem no Brasil, por reduzir esse profissional a um mero intermediador, sem remunerá-lo pelo seu tempo e dedicação; além do mais, essa prática tem efeitos negativos junto aos doadores, que veem o valor final da sua doação ser menor do que a intenção original".

Trazemos também a argumentação de Celia Cruz, uma das fundadoras da ABCR, hoje diretora-executiva do ICE – Instituto de Cidadania Empresarial, e que nos anos 1990 era captadora de recursos e professora dos cursos de Gestão de ONGs da EAESP-FGV, tendo também uma empresa de consultoria em captação de recursos. Ela, Marcelo Estraviz, João Meirelles Filho, René Steuer, Cristina Murachco, Renata Brunetti, Rodrigo Alvarez e Carla da Nobrega criaram a associação em 1999, depois de assistirem a uma conferência nos Estados Unidos e tomarem conhecimento da estruturação da Association of Fundraising Professionals (AFP).

"A ABCR é uma organização muito relevante, pois trabalha com o perfil profissional do captador de recursos, essencial às organizações da

sociedade civil, não trata apenas dos profissionais que estão captando recursos, mas de princípios dessa atividade, que deveriam pautar todas as OSCs. A captação está a serviço do desenvolvimento institucional da organização. Para mim, o primeiro código de ética do captador é não receber comissão. Eu nunca captei para benefício próprio e nunca recebi comissão. Sou contra a comissão porque acredito que o captador de recursos deve ser remunerado no mesmo formato de todos os profissionais da organização. Ele é um profissional remunerado que trabalha por um propósito. Não tem essa história de 'eu capto dinheiro, então eu devo receber mais'. Por que deveria ser assim? Qual a diferença entre um captador e um professor, entre um captador e um profissional da área de comunicação? Sejamos todos bons gestores e somemos a isso nossa motivação pela causa da organização a que nos unimos."

Acompanhe agora algumas informações boas e úteis do livro de Marcelo Estraviz, *Um dia de captador*, disponibilizado na internet para download[2]. O *e-book* traz várias dicas para quem busca aliados e doações. Separamos dois textos bem práticos.

Pílula – Buscando aliados

Buscar aliados é a base da captação de recursos. Os recursos mais importantes são os nossos aliados. O dinheiro é consequência disso.

Na Europa e nos EUA, assim que se cria uma iniciativa, criam-se dois grupos. Um para atuar diretamente na causa: trabalhar com re-

---

[2] http://www.estraviz.s/wp-content/uploads/2017/09/ebookdiadecaptador.pdf

fugiados, cuidar de velhinhos, defender o tamanduá amarelo (existe?), cuidar de crianças com câncer etc. Aqui no Brasil, fazemos isso muito bem também. Mas diferentemente de outros países, não constituímos o segundo grupo: os que buscarão novos aliados. Em qualquer lugar (menos no Brasil) se pensa sobre as causas de forma a encontrar mais gente que também acredite nelas. Isso é um princípio, não uma consequência.

No Brasil, muitas ONGs têm um excelente quadro técnico, uma ideia supercriativa de atuar em defesa de determinada causa, mas se esquecem de buscar novos aliados. Acham isso difícil, às vezes acham isso impossível ou até desnecessário. Pois serei duro aqui: se sua entidade não tem aliados é porque a causa só é importante para você. E se é só importante para você (e uns quantos funcionários seus), é porque a sociedade não precisa dela. E se é assim, por favor, feche as portas. Vá se aliar a causas mais importantes. Você se ofendeu agora? Ótimo. Significa que você acredita que sua entidade e sua causa são importantes, certo? Ótimo.

Pois busque aliados. E nos mostre que sua entidade é legítima, importante para nossa sociedade. Convença-me de que devo apoiá-la, convença sua prima e seu vizinho. Convença o empresário, não somente para ele te doar 100 mil reais hoje, mas para ser teu parceiro pelo resto da vida.

Busquemos aliados.

Pílula – diversificar as fontes de financiamento

É curioso como ainda vejo em minhas aulas muita gente que vem em busca de dicas e técnicas para conseguir recursos somente com empresas. Querem saber quais as leis de incentivo, qual a "dica quente" (como ouvi faz poucas semanas de um aluno), como elaborar um projeto vencedor. Bem, eu tenho a dica quente, tenho o projeto vencedor, tenho até a lei para você. Mas não basta. De que adianta você conseguir um milhão de reais com a Coca-Cola se daqui a dois anos esse dinheiro acabou e a Coca-Cola resolveu mudar de estratégia de patrocínio? Vamos, sim, buscar recursos com empresas, mas não só.

Nós precisamos, para manter a sobrevivência da entidade, que nenhuma das fontes de recursos seja maior que um terço de nossa receita. Existem milhares de entidades, principalmente as que têm convênios com o governo, que têm uma dependência de 70%, às vezes 90% do governo. É verdade que estamos em uma democracia representativa consolidando-se, mas "e se"? E se muda tudo, entra alguém e corta as verbas? Fechar as portas, isso que resta. Deve-se buscar idealmente três terços de fontes diferentes de recursos, cada fonte não representando mais de 35% dos recursos da entidade. Não adianta dizer: "Ah! Eu tenho três empresas que me patrocinam, cada uma dando um terço da minha receita". Pois não serve. Pois se vem uma crise as três fecham a torneira. Quando eu me refiro a três terços é de 20 fontes diferentes: um terço de empresas, um terço de indivíduos e um terço de governos, por exemplo. Ou um terço de uma fundação internacional, um terço de eventos e um terço de empresas. Faça suas contas, planeje essa mudança para sua entidade. Claro que isso é um ideal. O alarme deve soar quando você vê que alguma fonte está chegando a 50% de sua renda. É hora de agir.

CAPÍTULO 2:
SEM PUXADINHOS – CAPACITAÇÃO GERA EFICIÊNCIA

Convidada: Thaís Iannarelli, pós-graduada em jornalismo social, vice-presidente da Rede Filantropia, plataforma de disseminação de conhecimento técnico sobre gestão do Terceiro Setor, que busca profissionalizar a atuação das instituições por meio de treinamentos, publicações, palestras, debates, entre outras iniciativas.

A jovem Thaís Iannarelli surpreende por sua pouca idade e vasta experiência no Terceiro Setor. *"O Terceiro Setor tem um bichinho que pica e você não sai mais, não tem jeito!"* Simples assim, a vida profissional de Thaís sempre esteve ligada ao trabalho desenvolvido em favor da sociedade. Primeiro como estagiária na área de comunicação da ONG Centro Social Nossa Senhora do Bom Parto, na Zona Leste de São Paulo, e a partir de 2003, como estagiária da revista Filantropia, criada por Marcio Zeppelini em sua pequena editora de publicações científicas. Aquele era o embrião do que viria a se tornar um dos maiores *players* do Terceiro Setor no Brasil e um dos negócios de impacto mais bem-sucedidos. E tudo surgiu do olhar atento de Marcio, que, no final dos anos 1990, percebeu que não havia literatura nenhuma em português sobre gestão de ONGs e que era urgente e necessário ajudar as entidades por onde passou a gerar um impacto real na sociedade, com capacitação e informações importantes sobre a área. Thaís foi a parceira ideal para o desenvolvimento desse projeto.

A evolução da Rede Filantropia não aconteceu por acaso, também veio da capacitação e busca por conhecimento sobre o Terceiro Setor. As parcerias com quem já atuava no setor foram fundamentais para a criação do informativo: a família Monello, tradicional na área de contabilidade e auditoria, e o advogado Marcos Biasioli. O foco da revista criada em 2002 foi e continua sendo levar informações técnicas sobre gestão de OSCs, democratizando o acesso ao conteúdo desse ecossistema. Na revista, professores da área contábil e legal aprofundavam o conhecimento dos que queriam ter sucesso em seus empreendimentos sociais.

Thaís conta que, para visualizar esse campo de atuação, Marcio partiu de situações cotidianas vividas nas ONGs que conhecia e onde atuava como voluntário. Nessas organizações, ele via muita boa vontade, mas pouca profissionalização e experiência em gestão.

"Certa vez, numa organização, o Marcio viu na recepção um sofá todo sujo, rasgado, com as molas para fora, e perguntou para a gestora: 'Por que isso está aqui?' Ela respondeu: 'Foi doação, não podemos recusar'. Marcio, então, disse: 'Não, isso é um lixo que só atrapalha!' Ficou patente para ele que faltava conhecimento em Administração e que a capacitação poderia gerar muito mais impacto na sociedade."

A vice-presidente da Rede Filantropia conta que desde que chegou como estagiária à revista recém-criada não parou mais de aprender sobre o Terceiro Setor. O assunto é vasto e complexo; sendo assim, sem aprimoramento constante e comprometimento com a atualização das ferramentas que tornam a OSC mais impactante e, portanto, mais importante para a sociedade, não há como manter uma organização.

"Na revista, havia uma seção de perguntas e respostas, e começamos a ver que muitos dos gestores de ONGs ficavam aflitos em saber da parte técnica que tinha que ser levada em conta para trabalhar de forma consistente pela causa. Muitos escreviam dizendo que desconheciam essa ou aquela lei, a necessidade de ter um contador, por exemplo, e ficavam aflitos diante das exigências legais. Diante dessa realidade, em 2006, nós começamos a fazer cursos e treinamentos voltados a temas contábeis, legais e de captação de recursos. Fizemos também livros sobre gestão de ONGs e começamos a nos tornar conhecidos. Uma coisa leva à outra, e expandimos também nossas parcerias com outros atores do setor. Foi então que começamos a ser chamados para ajudar a compor palestras de grandes eventos; assim, nossa lista de professores da área contábil e legal e de articulistas parceiros aumentou muito, o que pavimentou nosso caminho para a parte de capacitação."

Sem dúvida, foi uma evolução sólida que foi sendo ampliada conforme a demanda e a busca incessante por aprimoramento.

"Naquele momento, éramos uma revista dentro da editora e uma empresa de cursos. Em 2012, resolvemos organizar institucionalmente a Rede Filantropia e nos tornamos uma associação privada sem fins lucrativos, portanto, juridicamente, também somos do Terceiro Setor. Começamos a usar o nome Instituto Filantropia e criamos um guarda-chuva de ações para fortalecer o setor, ampliando o escopo de tudo o que já fazíamos. Em 2014, criamos o FIFE – Fórum Interamericano de Filantropia Estratégica, um evento anual que reúne organizações do Brasil inteiro com foco no desenvolvimento da gestão das OSCs."

Todas essas ações fazem parte da Rede Filantropia, que hoje conta com mais de 100 mil pessoas cadastradas. Os associados que colaboram com a entidade anualmente somam três mil e são de todas as partes do país, de todos os portes e com uma diversidade enorme de causas. Portanto, uma das formas de sustentabilidade da rede é o associativismo, além dos cursos e das empresas apoiadoras.

A centralidade da profissionalização

Para Thaís, sem profissionalização, a capacitação em todas as áreas da OSC, e sem estar com as pessoas certas, o impacto que a organização vai causar pode ser muito menor ou, pior ainda, o fôlego da entidade pode acabar mais rápido do que se esperava. *"Contador, por exemplo, tem que ser especializado no Terceiro Setor, pois essa área é muito diferente das práticas e conceitos da iniciativa privada. É preciso entender a necessidade de planejamento e empreender todas as ações com mais estrutura. Não dá para ficar vendendo o almoço para comprar a janta, isso não leva à geração de impacto."*

Os entraves

O Terceiro Setor cresceu muito no Brasil, mas ainda estamos longe da maturidade alcançada pelos Estados Unidos e Europa.

"Só nos EUA, estima-se que existam dois milhões de entidades, e lá ninguém estranha se você falar que é remunerado por trabalhar numa ONG. Isso porque a relação entre os três setores é uma coisa muito clara; aqui é algo que ainda gera muitas dúvidas. No Brasil, o número de OSCs é muito discordante. Um ponto que entrava o desenvolvimento do Terceiro Setor é a burocracia e a falta de conhecimento dos caminhos para a captação de recursos. Nós temos a plataforma Mais Brasil para captar recursos federais, e as organizações não sabem usar porque é muito burocrática. Decidimos montar uma oficina de 40 horas só para ensinar a colocar um projeto lá.

Aqui, por exemplo, é muito difícil captar recursos para manter uma organização, ou seja, para as despesas do dia a dia: água, luz, telefone, limpeza, folha de pagamento etc. É menos intrincado conseguir recursos para projetos específicos, o que chamamos de dinheiro carimbado: aquele que a organização só pode usar para um projeto e para nenhuma outra necessidade. Por exemplo: se a ONG pediu um determinado valor para comprar um computador, tem que usar o dinheiro só para isso mesmo. Portanto, o apoio aqui no Brasil está vinculado a projetos específicos e isso constitui uma dificuldade enorme na administração das ONGs, porque elas têm que se virar para gerar sua própria renda e conseguir arcar com as contas para fechar no azul no fim do mês."

Falta cultura de prestação de contas

Quanto mais transparente a organização for, mais parceiros e apoiadores vai conseguir, e terá, por conseguinte, mais chances de captar recursos, ser bem-sucedida e escalar seu impacto.

Muito mais do que educação e gentileza, a prestação de contas de uma ONG é condição fundamental para a longevidade e reconhecimento do negócio de impacto.

"É preciso acabar com a cultura de algumas ONGS de pensar que depois de se esforçar e de conseguir captar recursos, acabou o assunto. Não! Tem que captar e prestar contas, olhar nos olhos do doador e dizer: fiz isso, fiz aquilo com o recurso financeiro que você me deu. É fundamental mostrar o que foi feito. Com isso, não estou querendo dizer que o dinheiro não foi aplicado no lugar certo, mas não se pode prescindir da prestação de contas. E a avaliação de impacto entra nesse pacote também. Depois que a organização implanta um projeto, tem que medir o impacto que ele teve e avaliar onde poderia ter sido melhor, o que deveria ser mudado. Nenhum gestor nasce sabendo das métricas do Terceiro Setor, por isso é importante buscar esse conhecimento em oficinas de indicadores de impacto."

Então, como conseguir bons e constantes parceiros?

"Há uma série de fatores. Mas os primeiros pontos são a transparência e conseguir mostrar o impacto que a organização gera: por foto, pelo depoimento de alguém que foi beneficiado com a atuação da OSC etc. E não pensar somente nos números, mas 'também' neles. É preciso humanizar esse retorno do impacto para os parceiros, mostrar que você está mudando vidas e realidades para o bem, sem ser apelativo. Isso faz toda a diferença!

A captação de recursos pode ser considerada, sim, o coração da organização, se pensarmos que o coração faz o sangue circular pelo corpo todo, mas para que esse coração exerça suas funções, deve haver planejamento de captação, profissionalização; é preciso conseguir convidar parceiros, pessoas físicas e jurídicas com a abordagem correta, sem se fazer de vítima. 'Olha, me dá uma doação aí', não vale. A abordagem tem que ser diferente: 'Eu tenho uma iniciativa de sucesso que pode impactar a sociedade e você pode fazer parte disso comigo, para gerar um bem, para levar a cabo um projeto bem estruturado', pois as pessoas querem participar de algo que tem chance real de tornar o mundo melhor. Quanto mais esse parceiro se sentir fazendo parte dessa mudança, mais ele vai ficar com a organização."

Thaís Iannarelli comemora o crescimento do número de pessoas que manifestam o desejo de trabalhar em organizações da sociedade civil nos últimos anos, especialmente os jovens.

"É gratificante ver que agora há cursos superiores na PUC, no Senac e em outras instituições de ensino voltadas à gestão de

projetos sociais: as faculdades estão oferecendo graduação e pós-graduação na área. Isso vem ao encontro da necessidade que cada vez mais ONGs têm de implementar uma gestão profissionalizada. Não se pode apenas atuar com voluntários, que são de suma importância e tudo começou com eles, mas numa área tão complexa como a do Terceiro Setor é crucial ter funcionários capacitados. Hoje em dia, os salários dos profissionais dos negócios de impacto são bem semelhantes aos da iniciativa privada, e isso se deve em grande parte à formação."

Efeitos da pandemia

O fato de o Brasil ter subido quatorze posições no *ranking* dos países mais generosos do mundo é em si uma ótima notícia. Mas, para alcançarmos posições melhores, é preciso subir muitos e árduos degraus, e mexer ainda mais com a consciência do brasileiro.

"Assim que começou a pandemia, estava todo mundo bem mobilizado e sensibilizado, e a pandemia foi um momento em que o Terceiro Setor ficou mais em destaque para o resto da sociedade. O Primeiro e o Segundo Setores já têm uma ótima visibilidade, mas quem conhece de fato o Terceiro Setor é o Terceiro Setor. Muitos sabem da importância econômica que as organizações da sociedade civil têm, mas a pandemia trouxe esse setor para os holofotes, para as lives, os telejornais, às rodas de especialistas e isso tudo ajudou a mobilizar os brasileiros que procuravam as ONGs para fazer as doações. Afinal, são elas que vão para a linha de frente e fazem chegar os alimentos e produtos a quem precisa.

Agora, é manter isso, porque o ser humano se habitua muito com as coisas, inclusive com a pandemia, e o desafio atual é: como fazer para manter o nível de solidariedade?

É preciso manter a visibilidade, a credibilidade, a transparência das organizações da sociedade civil agora e sempre."

O que te move, Thaís?

"Tudo tem que partir da solidariedade. O trabalho no Terceiro Setor é desafiador demais, e temos que levantar com muita garra todos os dias. Filantropia quer dizer profundo amor à humanidade, e já nos questionaram muito se deveríamos mudar o nome, pois leva a pensar apenas em caridade. Mas nós, da Rede Filantropia, utilizamos o termo filantropia estratégica: tudo tem que partir da dedicação a uma causa maior do que nós. E, paralelo a isso, promovemos a profissionalização do setor para que a solidariedade não pare na boa vontade e vire uma ação de fato.

Nós não atuamos na causa fim, porém, sabemos comprovadamente que o trabalho que fazemos aumenta o impacto das organizações. Temos muitos relatos de ONGs que conseguiam atender 20 crianças e, depois de passar por nossos cursos, conseguem atender 100, por exemplo. Isso mostra que as organizações começaram a captar melhor seus recursos, aprenderam sobre planejamento, enfim, conseguimos ensinar algo de bom e útil aos gestores. Sabemos que, indiretamente, estamos impactando positivamente a sociedade e fortalecendo os atores que estão na linha de frente. Isso não tem preço. Por mais que tenhamos dificuldade no dia a dia, é uma causa que vale a pena!"

CAPÍTULO 3:
Cabeça de Solução

Convidada: Celia Cruz, diretora-executiva do ICE (Instituto de Cidadania Empresarial) e da Aliança pelos Investimentos e Negócios de Impacto; especialista em Investimentos e Negócios de Impacto, Inovação Social, Empreendedorismo Social e Gestão de OSCs. Celia faz parte do grupo de importantes formadores e *players* do Terceiro Setor no Brasil desde os anos 1990, ajudando a criar normas de conduta para as organizações; ocupou várias posições na Ashoka Empreendedorismo Social e é conselheira voluntária de várias iniciativas como o Fundo ELAS+, Imaflora, Sistema B Internacional, CUFA, Fundo Bemtevi, Fundo de Investimento Social (Itaú), além de ser uma das fundadoras da ABCR (Associação Brasileira de Captadores de Recursos). Nossa convidada se autodefine assim: "Sou economista por formação, apaixonada por empreendores(as) sociais e pelo movimento dos investimentos e negócios de impacto que resolvem problemas sociais; articuladora e captadora por vocação e otimista por escolha".

O ICE é uma organização da sociedade civil, sem fins de lucro, que atua há mais de dez anos na articulação de líderes e no fomento de iniciativas transformadoras, capazes de gerar impacto social positivo, em especial para comunidades vulnerabilizadas; cumprindo, assim, o compromisso de contribuir com o avanço do campo social no Brasil.[1]

A Aliança pelos Investimentos e Negócios de Impacto, criada em 2014, é uma iniciativa para fomentar o ecossistema de investimentos e negócios de impacto por meio de produção e disseminação de conteúdo, articulação com atores estratégicos e fomento a iniciativas inovadoras.[2]

Para Celia Cruz, dificuldades devem ser vistas como desafios, não obstáculos. E essa postura se aplica, e muito, a qualquer empreendedor social ou gestor de OSC. Uma cabeça voltada para a resolução de problemas é meio caminho andado na direção do enfrentamento dos percalços que se interpõem no rumo de toda e qualquer organização do mundo.

Durante a pandemia, Celia atesta que os empreendedores de negócios de impacto que se reinventaram conseguiram sobreviver. Muitos superaram as dificuldades e até cresceram, conseguindo desenvolver soluções para o grave momento de crise sanitária global.

"O ICE investiu em 16 negócios de impacto em 2017 e 2018. Um dos casos que chamaram a atenção foi o de um negócio de impacto voltado à inteligência artificial com o objetivo de gerar informações na área da saúde. Na pandemia, foi criado um robô para auxiliar no

---

[1] https://ice.org.br/

[2] https://aliancapeloimpacto.org.br/

sistema automatizado do Ministério da Saúde com a função de obter informações dos usuários do SUS sobre os sintomas da Covid-19. O negócio cresceu enormemente, tanto que foi possível fazer o pagamento integral da dívida do empréstimo com o ICE. Os gestores olharam para a pandemia e criaram uma solução que também respondia às necessidades do momento.

Sem dúvida, os negócios voltados à educação e à saúde adaptados ao mundo virtual tiveram um boom de crescimento. E esses empreendedores ainda propiciaram, por exemplo, atendimento por telemedicina ou educação virtual para a população que acessa serviços públicos, o que foi um ganho substancial para evitar a superlotação das unidades básicas de saúde ou para apoiar as crianças a continuarem estudando."

Mudança de rumo necessária

Celia Cruz acredita que as ONGs que tinham um desafio enorme trabalhando com empreendedorismo e fortalecimento das mulheres, por exemplo, se viram obrigadas a traçar novas rotas ou providenciar serviços básicos aos seus beneficiários, diante da necessidade urgente de minimizar os efeitos nefastos da pandemia na economia também.

"Na pandemia, é como se tivéssemos falado: 'Opa! Nessa megacrise, eu tenho que dar assistência, apoio, cesta básica, sopa, chip de internet etc.' O propósito dos negócios de impacto é gerar produtos e serviços para melhorar a vida de muitas pessoas, aprimorando esses serviços sempre para gerar impacto positivo. Mas alguns desses negócios precisaram adaptar seus produtos para

demandas urgentes ou até mesmo para resolver uma carência que exigia uma resposta rápida. Muitas ONGs assumiram o papel de mobilizar doações para dar cestas básicas, pois as pessoas perderam o emprego e precisavam de comida."

Celia está no conselho da CUFA (Central Única das Favelas), e viu de perto o quanto a organização – com sua capilaridade em inúmeras favelas nos 27 Estados brasileiros – ajudou para fazer chegar as doações a quem precisava.

"Há muito tempo não víamos uma organização como a CUFA, localizada em favelas, captar e mobilizar tantos recursos, de dinheiro a comida, mas ainda faltou apoio para o custo operacional de levar, guardar, estocar e distribuir essas doações aos destinos almejados. Em muitos casos, os atores dessa nova filantropia da pandemia não enxergavam que era preciso ajudar as organizações sociais também nisso."

A solidariedade e as boas soluções de negócios

Sim, aliar solidariedade, solução de problemas sociais e ganhar dinheiro é viável, mas é preciso ter fibra ética. Os mapeamentos do Terceiro Setor comprovam que os negócios de impacto – quer sejam ONGs ou empreendimentos sociais de impacto que geram lucro – são de grande importância para a sociedade e têm mostrado bons resultados em prol dos mais vulneráveis.

"Há pessoas éticas em qualquer tipo de empreendimento. O empreendedor deve prezar por seus valores pessoais: ética, transparência,

desejo de gerar impacto social positivo, e, a partir disso, ele pode escolher colocar o seu propósito numa ONG ou numa empresa com lucratividade. Particularmente na última década, com o fortalecimento dos negócios de impacto, que vinculam seu ganho financeiro a um ganho social e/ou ambiental, ficou patente que é possível fazer o bem e ganhar dinheiro. Nessa modalidade, o empreendedor cria produtos e serviços que visam resolver problemas sociais a partir do seu próprio negócio. Segundo Celia Cruz, os negócios de impacto podem assumir diferentes formatos legais: empresa, associação, cooperativa ou fundação. No entanto, há um conjunto de quatro critérios que caracterizam um negócio de impacto. Esses critérios juntos constituem um filtro único pelo qual os empreendimentos precisam passar para serem considerados negócios de impacto. São eles: intencionalidade de resolução de um problema social e/ou ambiental; a solução de impacto deve ser a atividade principal do negócio; deve haver a busca de retorno financeiro operando pela lógica de mercado; e o compromisso com monitoramento do impacto gerado."

A cultura de doação no Brasil

Celia Cruz também é voluntária e doadora, apoiando causas nas quais acredita. Apesar de otimista, ela não teve como se entusiasmar com a escalada que o Brasil empreendeu no *ranking* dos países mais generosos do mundo, subindo 14 posições e chegando ao 54º lugar. Celia fez uma relação direta com a indecorosa concentração de renda em nosso país, onde os 10% mais ricos concentram 41,9% da renda total (relatório de Desenvolvimento Humano do PNUD/ONU, dez. 2019).

"A cultura de doação no Brasil ainda é bastante insipiente e acho que subir no ranking dos países mais generosos não quer dizer que estamos bem nesse campo. Temos que melhorar muito, pois vivemos em um país com uma desigualdade gigantesca. O impulso da Covid-19 levantou um alto percentual de doações, mais pessoas se sensibilizaram neste grave momento, no entanto, a concentração de renda é vergonhosa e incômoda demais! Eu pergunto: o que muda no status quo da parcela de altíssima renda da população brasileira se ela doar 5% ao ano? Quase nada, mas essas doações são fundamentais para reduzirmos a desigualdade. Profissionalmente, vejo também o outro lado, vejo algumas famílias de alta renda que demonstram generosidade. Elas param e pensam: será que precisamos de todo esse volume de dinheiro, sendo que as próximas três ou quatro gerações estão garantidas? Assim, há a decisão de fazer uma grande transferência de renda para a sociedade civil, para projetos relevantes, para fortalecer organizações e, até mesmo, para perpetuar fundações familiares, corporativas ou ONGs que têm confiabilidade. Mas precisamos aumentar em muito a cultura de doação no Brasil, que seria capaz de acelerar a redução da desigualdade em nosso país, que tem um dos piores índices de concentração de renda (GINI) do mundo."

CAPÍTULO 4:
MEDIR IMPACTO É PRECISO – OUVIR PARA AVALIAR

Convidada: Raquel Altemani, gerente de Projetos do IDIS (Instituto para o Desenvolvimento do Investimento Social), com foco na área de Monitoramento e Avaliação de Programas Sociais. Formada em Administração, com pós-graduação em Gestão Estratégica da Sustentabilidade, em 2019 realizou o treinamento de SROI (*Social Return on Investment*), desenvolvido pela organização britânica Social Value, sobre a aplicação do protocolo SROI (Retorno Social sobre Investimento) para a mensuração do impacto social de projetos e programas. Raquel teve uma vivência de muitos anos no mundo financeiro dos bancos e, em 2017, numa transição de carreira, iniciou sua caminhada no universo do investimento social.

Como medir o que é intangível? Raquel acredita que é preciso escutar para medir impacto, ouvir o que os beneficiários têm a dizer sobre os efeitos em sua vida depois da participação em um projeto social. As transformações provocadas pelas ações relacionadas aos projetos sociais são geralmente apresentadas sob a definição de impacto social. De acordo com o IDIS, a medição de impacto é uma importante ferramenta de gestão, que consiste em mensurar as mudanças geradas e tomar as melhores decisões a respeito da estratégia das intervenções geridas pelas OSCs.

"Consideramos impacto a mudança social produzida por um programa ou projeto. Enquanto resultados se relacionam com as conquistas concretas, que, em geral, representam o alcance e a amplitude da iniciativa. O impacto pode ter uma natureza mais subjetiva – relacionada à ideia de transformação social. Quando mensuramos o impacto de um programa, ponderamos o quanto esse muda a vida das pessoas envolvidas. Ou seja, é um estudo analítico, que visa buscar evidências para identificar se uma iniciativa tem alcançado as transformações sociais que estabeleceu como objetivos."

Para avaliar os resultados positivos ou negativos de uma ONG, as pesquisas podem ser quantitativas, qualitativas ou mistas. Vamos entender, então, o universo das métricas do impacto social, como fazer a escolha da metodologia adequada e qual a importância de medir os benefícios que as ações das organizações geram para a sociedade, já que, no contexto dos investimentos socioambientais, não apenas os gestores, mas os apoiadores e investidores se interessam cada vez mais pelo conhecimento do impacto social como forma de tomar decisões em bases sólidas. O interessante é que Raquel nos dá exemplos práticos, muito elucidativos, dessa temática.

Afinal, a solidariedade pode ser medida em números?

"Talvez eu não colocasse nesses termos de que a solidariedade se mede em números, mas eu acho que ela pode ser transmitida em uma narrativa

que pode envolver números. O que eu costumo dizer é que os números sozinhos, às vezes, não formam a comunicação mais efetiva. Dou um exemplo concreto: se um programa passou por uma avaliação de impacto e teve como resultado um retorno do investimento de 2,7, este número sozinho pode não ser a palavra final de que aquele programa é bom e de que eu devo investir nele, é uma informação frágil quando não apresentada de forma integrada com outros dados relevantes. Esse número pode significar muitas coisas. É importante saber que os programas sociais são organismos vivos. Temos programas que apresentam uma escala muito grande, atingem 300 mil crianças, mas o impacto por criança é pequeno ou médio, no entanto, como ele atinge muita gente, o retorno para um plano de investimento acaba sendo muito alto. Ou seja, eu não estou fazendo uma transformação radical na vida de ninguém, mas estou melhorando um pouquinho a vida de muita gente. Essa é uma possibilidade de estratégia para um projeto social.

Por outro lado, eu posso ter o mesmo nível de retorno sobre o investimento, de 2,7, porém em vez de 300 mil pessoas, meço o impacto de um programa que atinge 40 pessoas apenas. Mas essas 40 estão tendo suas vidas completamente transformadas. O que vale mais? Em termos de retorno sobre investimento, eu tenho o mesmo número; como investidor social, o que estou buscando como transformação no mundo, qual a minha intenção? Quero ver 40 pessoas com a vida transformada inteiramente ou 300 mil crianças no mundo com a qualidade de vida e perspectiva de futuro um pouco melhores? São escolhas, caminhos diferentes, e não há o certo ou o errado, são contribuições diferentes.

No IDIS, eu já avaliei programas que tinham um número de beneficiários baixo, porém, um impacto muito relevante na vida das pessoas, e o investidor tinha dificuldade em entender isso. O pensamento dele era: 'Poxa, estou doando um volume muito grande de recursos e você me diz que eu estou atingindo somente 40 pessoas?' Ele pediu a avaliação de impacto justamente para entender melhor a importância da transformação gerada com aquela iniciativa. Nós mostramos com o estudo o quanto aquele projeto era importante e explicamos ao investidor que, apesar de em pequena escala, o impacto era intensivo. E eu posso ter um programa com uma escala enorme, embora com um impacto marginal. Um não é melhor do que o outro, mas são estratégias e objetivos completamente diferentes.

Então, o interesse por uma iniciativa ou outra vai depender do que a OSC traçou como seu objetivo e no que o investidor social acredita como interferência que ele quer ter no mundo."

Raquel Altemani nos explica que o conceito de avaliação de impacto é antigo. As primeiras publicações que abordam o valor social são dos anos 1990. Academicamente, podemos encontrar diferentes definições sobre o que é valor social. O IDIS segue, do ponto de vista conceitual, a visão da organização britânica Social Value, que atua no mundo inteiro e acredita que o valor social é um valor relativo atribuído por alguém às experiências que vivencia. Isso, por si só, já traz mais uma camada de complexidade, porque cada pessoa pode atribuir valores diferentes à mesma experiência, além do fato de que a intensidade de transformação de um programa social pode ser diferente mesmo entre pessoas beneficiadas por uma mesma iniciativa social.

"O que buscamos ter em mente quando conduzimos uma avaliação para medir o impacto social é que estamos tentando mensurar o valor que um benefício teve para os beneficiários, no contexto em que vivem e no recorte de tempo analisado. O que eu vejo de frágil em algumas avaliações de impacto de programas sociais, especialmente naquelas em que um pesquisador não faz parte da comunidade, ou seja, não vive naquele contexto, é que ele acaba analisando o programa pelo ponto de vista e pela base de conceito e entendimento dele, e sendo ele a definir os indicadores que devem ser medidos. O risco disso é que esse pesquisador está limitando a leitura de impacto sob a ótica dele e está deduzindo o valor que aquelas ações têm para outras pessoas. Logo, um dos desafios da avaliação de impacto é saber olhar para os programas sociais com o olhar dos beneficiários e não do pesquisador.

Nas estratégias de avaliação, nós temos que valorizar muito o processo de escuta, ou seja, temos que tentar fazer com que a definição dos indicadores a serem mensurados parta da escuta das pessoas que passaram pela experiência e que podem dizer o que percebem e valorizam como beneficiárias. Nem sempre o que elas vão dizer corresponde 100% ao que a organização tinha como objetivo. Eu já vivenciei exemplos de programas em que a organização tinha um leque de transformações que ela gostaria de causar, e dentre elas, havia uma que o público-alvo não mencionava como relevante durante as entre-

vistas: ou porque as pessoas não haviam percebido aquele benefício ou porque não era algo importante para elas.

Temos também exemplos do contrário: às vezes, a organização tinha cinco objetivos e o público reconheceu as transformações referentes a eles, mas destacou ainda um sexto benefício que a ONG nem tinha levado em conta. Essas vivências nos levam a afirmar que a definição do valor social como um valor percebido e valorizado pela pessoa é algo que exige um processo de entendimento da realidade de quem passou pela experiência, de quem presenciou o programa e de como a participação na iniciativa interferiu em sua vida e na vida da família dela."

Tipos de pesquisa para avaliação de impacto

Raquel Altemani nos ensina o bê-á-bá das modalidades de pesquisa que tornam possível avaliar o impacto social, quer seja por um especialista, quer seja por alguém de dentro da organização que foi capacitado para fazer a pesquisa.

1. **Pesquisas qualitativas:** o teor é investigativo, explicativo e exploratório. O pesquisador conduz um processo de escuta mais aberto e mais livre, o qual permite que as pessoas tragam qualquer assunto à discussão, independentemente dos objetivos do programa. Pode ser explorado nessa modalidade quais são as consequências na vida das pessoas, efeitos positivos, negativos, previstos, imprevistos, intencionais e colaterais. O pesquisador deve ir aberto para escutar o que quer que seja, pois são entrevistas pouco estimuladas, que

buscam espontaneidade, com a finalidade de evitar ao máximo o viés de assuntos específicos.

2. **Pesquisas quantitativas:** uma abordagem estatística, normalmente baseada num questionário com uma amostra significativa de beneficiários em que o pesquisador coloca as questões em intensidade, escalas e técnicas de mensuração, tendo o objetivo de medir todas as percepções em números, mesmo que sejam aspectos intangíveis.

3. **Análise custo-benefício.** O pesquisador estabelece comparações entre o valor social gerado por uma iniciativa e o montante de recursos necessário para manter o programa. A fim de fazer essa análise, necessariamente, há que se passar por um processo de quantificação, já que é necessário ter um valor social mensurado para conseguir comparar com o investimento.

"Essas três grandes naturezas de pesquisas podem ser usadas isoladamente ou de forma combinada. É importante deixar claro que é perfeitamente válido realizar uma avaliação 100% qualitativa com processo de escuta, depoimentos e histórias de vida. Quanto a este assunto, eu percebo uma visão um pouco fechada de algumas pessoas que entendem que só se configura uma avaliação de impacto se for apresentado um número. Não necessariamente. Uma avaliação qualitativa é uma avaliação de impacto de fato, pois estamos reunindo evidências a respeito das mudanças sociais que as pessoas vivenciaram. Agora, quando se combina a avaliação qualitativa com a quantitativa, temos

um efeito potencializado de comunicação, pois conseguimos histórias e números, as duas coisas combinadas que comprovam e reforçam uma à outra. A combinação das duas coisas é muito poderosa, pois, ao mesmo tempo que humaniza a intervenção e os efeitos na vida das pessoas, torna tangível o impacto de uma forma que dá uma visão mais concreta de todas as transformações que aconteceram."

De acordo com Raquel, o relatório final de um estudo que envolve as três modalidades de pesquisa geralmente leva em média de seis a oito meses para ficar pronto.

E o que o gestor faz com os números do impacto? Nossa convidada pondera que qualquer empresa do mundo com fins lucrativos tem uma gestão com base em indicadores. Todas as áreas internas de uma empresa têm seu conjunto de indicadores estratégicos, aspectos que a organização vai medir para acompanhar a performance do que ela está analisando. Nessa avaliação, entram indicadores de toda natureza:

- **Indicadores comerciais:** venda por unidade, por região, por produto;
- **Indicadores de qualidade:** se os produtos estão sendo entregues no padrão previsto, por exemplo;
- **Indicadores de recursos humanos:** o chamado *turnover*, que mede a permanência das pessoas na empresa, notas de avaliação de desempenho.

Todo o ecossistema da gestão de uma empresa privada funciona com base em algumas mensurações que guiam o olhar sobre qual é a eficiência do que está sendo feito.

Raquel explica que, quando nós transpomos essa questão para o universo das organizações sem fins lucrativos, a lógica é a mesma.

"As ONGs mantêm uma operação e essa operação precisa ser acompanhada, para entender se está trabalhando da melhor forma possível, se aquilo que se esperava alcançar com essa operação de fato está acontecendo etc. Esses dados fornecerão suporte no processo de tomada de decisão a respeito da gestão e das ações realizadas.

Mas o que torna tão mais complexa a busca por indicadores no universo dos programas sociais? O fato de que se trabalha com muitos aspectos que são intangíveis. A grande maioria dos programas sociais não têm uma dimensão única. Às vezes, a organização está mirando num problema social, numa causa específica, mas a sua atuação está lidando com pessoas, então, as consequências de um programa vão em muitas direções.

Exemplifico: a ONG tem um programa que está lidando com defasagem na aprendizagem escolar. Talvez, o indicador mais imediato em que pensemos é a nota do aluno. O programa apresenta a expectativa de reduzir a defasagem escolar e melhores notas podem ser um indicador, mas o trabalho que está sendo realizado pode ter outros desdobramentos e mostrar que a nota talvez não seja um bom retrato do resultado que o programa está proporcionando. Isso porque, dependendo da abordagem, as ações podem estar influenciando a autoconfiança do aluno, o relacionamento dele com os pais, a família, com os professores, e pode estar impactando os planos de vida desse aluno. Todos esses efeitos são passíveis de acontecer a partir de uma iniciativa educacional, gerando impacto positivo na vida do beneficiário. Isso pressupõe que, neste caso, medir a nota não está transmitindo plenamente a importância do programa e não está transmitindo a narrativa completa dos benefícios atingidos."

Raquel Altemani nos alerta que, para dar uma boa visão do impacto de um programa, os indicadores devem ser múltiplos, ou seja, não se pode levar em conta somente um aspecto, pois a iniciativa abrange vários aspectos da vida dos beneficiários. No exemplo anterior, o público principal é o jovem que está em situação de defasagem escolar, mas a abordagem pode estar impactando indiretamente os professores, os colegas e a família. Esse cenário requer a análise dos efeitos em todos os públicos envolvidos.

"O impacto de um programa social ganha corpo e complexidade porque os indicadores vão se decompondo em vários. Alguns deles são mais simples de medir, como a nota; outros são mais difíceis, como a autoconfiança, por exemplo. Qual é a régua da autoconfiança, qual é a unidade de medida? Não existe. Então como o pesquisador faz para medir esse impacto? Este é apenas um exemplo de como a dimensão da mensuração de indicadores sociais se reveste de fatores de difícil compreensão. Muitas OSCs acabam não fazendo uma avaliação de impacto robusta por falta de conhecimento técnico e metodológico e

por ter a sensação de que os indicadores que elas conseguiriam medir não contariam toda a história das transformações na vida dos beneficiários, consequentemente, acabam tendo dificuldade de comunicar a relevância de sua iniciativa."

Raquel está falando da avaliação custo-benefício, que está em alta nos últimos anos, segundo a realidade vivenciada pelo IDIS.

"Nós temos muita procura por estudos de análise de custo-benefício por parte das organizações, e isso está ligado à tese de que os investidores entendem mais facilmente a linguagem do retorno sobre o investimento, já que têm facilidade de interpretar os números. Por outro lado, investidores sociais também são pessoas e existem muitos perfis de investidores. Alguns vão se sensibilizar mais vendo uma análise econômica, e outros vendo um depoimento e um vídeo contando a história de um beneficiário. Então, para fins de comunicação, os gestores devem pesquisar quem é o seu interlocutor, entender qual a maneira mais efetiva de chegar com uma mensagem e sensibilizá-lo para uma decisão de investimento. Eu, particularmente, vejo que todas essas linguagens – uma mais qualitativa, mais humana, com histórias de vida e depoimentos; uma análise mais numérica que retrate e quantifique o impacto que aconteceu; e uma linguagem mais econômica de retorno sobre investimento – se somam e se complementam.

São válidas tanto as avaliações mais focadas quanto as que usam as três linguagens. O que defendemos com muita força nessa temática de avaliação de impacto é que, dentro da sua opção por objetivo e aborda-

gem, a avaliação seja uma ferramenta para que os gestores de programas sociais tomem melhores decisões estratégicas para que suas iniciativas se tornem cada vez mais eficazes. A Social Value tem uma máxima sobre a medida do sucesso de uma avaliação: 'O estudo de impacto social é tão bom quanto o que a ONG passou a fazer de diferente depois do resultado'. Isso porque, se os gestores fazem um estudo de avaliação de impacto e, depois de todo o aprendizado e das conclusões, continuam fazendo tudo igualzinho, então, a pesquisa não permitiu evoluir nada ou os gestores não tiraram proveito dessa importante ferramenta."

Outro argumento da Social Value é que nenhum número de retorno sobre investimento é bom ou ruim por si só. É preciso estar sempre em busca de aprimoramento, evolução, excelência. Se o retorno numa pesquisa anual foi de 2,7, por exemplo, o que os gestores devem se perguntar é: o que eu devo fazer para chegar a 3, e assim por diante, pois um estudo de avaliação de impacto não trará simplesmente a mensuração, mas suscitará uma série de reflexões e *inputs* sobre quais oportunidades estratégicas existem para ampliar o impacto. De forma geral, Raquel sugere algumas perguntas que o gestor pode fazer diante do espelho para aproveitar ao máximo o resultado de uma avaliação.

- Quais oportunidades a ONG tem para melhorar aspectos que não estão funcionando muito bem?
- Como eu, gestor, faço para que o impacto seja percebido não só por uma pequena parcela de beneficiários, mas por 100% deles?

- Como faço para ampliar ainda mais as transformações que meus beneficiários mais valorizam?
- Como faço para escalar o impacto para mais pessoas?
- Como faço para aproveitar melhor meus talentos e minha equipe?

"O que há de mais valioso nos estudos de avaliação de impacto não são os números em si, mas as ideias que permitem ampliar ainda mais o impacto já causado e refletir sobre as oportunidades de gestão. Portanto, o estudo não termina quando a pesquisa fica pronta, mas começa aí, a partir das ações que são tomadas com base nas conclusões. A avaliação de impacto se propõe, sobretudo, a ser uma ferramenta segura para propiciar a tomada de boas decisões e permitir que o programa siga evoluindo e tendo uma gestão e um impacto cada vez melhores."

Para tomar decisões de ajustes, há que se levar em consideração todos os impactos envolvidos e entender quais as consequências que podem advir de alterações de grandes ou pequenas proporções nos programas sociais.

De quanto em quanto tempo deve-se fazer uma avaliação de impacto?

"Não existe uma frequência certa ou errada. Primeiro é preciso considerar qual é o orçamento da organização para ações de monitoramento e avaliação. É importante verificar qual o nível de estabilidade do programa desenvolvido e se houve mudanças expressivas na

estratégia da organização. Como dissemos, o programa social é um organismo vivo, não é estático ao longo do tempo. Quando o contexto social é alterado, mudam as prioridades e decisões, sendo assim, é importante que a organização invista em um esforço de diagnóstico e avaliação. Uma prática constante de monitoramento e avaliação mostra o quanto a OSC tem uma gestão profissional responsável e isso traz muita tranquilidade para o investidor, independentemente do resultado da avaliação em si. Pode ser que o resultado da mensuração de impacto não tenha sido tão espetacular, mas o fato de a OSC estar usando métricas para acompanhar o programa já mostra o potencial de comprometimento com o aprimoramento da gestão. A medição é uma prática de transparência, mas também é um indicativo de boa gestão e de responsabilidade no uso dos recursos."

CAPÍTULO 5:
CURSOS DE CAPACITAÇÃO E APRIMORAMENTO

Convidado: Professor Michel Freller, que faz parte do NEATS – Núcleo de Estudos Avançados do Terceiro Setor (PUC-SP). Michel Freller é administrador público formado pela FGV-SP, mestre em Administração pela PUC-SP. Especialista em ESG e nos ODS, fazendo pontes entre empresas e organizações sem fins lucrativos. Participa ativamente dessas organizações há mais de 40 anos. Como consultor, desde 1993, desenvolve seu trabalho com ênfase em planejamento da mobilização de recursos com e sem incentivos. É professor na pós-graduação do Senac e da PUC/COGEAE-SP e de cursos livres na Rede Filantropia, além de autor do guia sobre incentivos fiscais para captadores de recursos de OSCs (2017). Atendeu a mais de 200 organizações sem fins lucrativos nos últimos 18 anos, elaborando diagnóstico institucional e indicadores de resultado para preparar o planejamento estratégico de mobilização de recursos com foco em venda de produtos ou serviços. Conselheiro voluntário do Instituto Filantropia, Fundação Ilumina, CIP, CIAM e diretor da ABRAPS (Associação Brasileira dos Profissionais pelo Desenvolvimento Sustentável). Atual vice-presidente do Conselho Deliberativo da ABCR, fundador e diretor da Criando Consultoria Ltda.

O NEATS é um grupo interdisciplinar de pesquisa, formação e extensão criado em 1998 no Programa de Pós-Graduação em Administração da FEA PUC-SP. O núcleo, idealizado e fundado pelo Prof. Dr. Luciano Junqueira, falecido em 2021, congrega professores, alunos da pós-graduação e da graduação em Administração e de outras áreas do conhecimento como Direito, Ciências Sociais, Serviço Social, Psicologia e Economia, além de outros profissionais da área. Sua missão é produzir e difundir conhecimento interdisciplinar, contribuindo com o desenvolvimento dos diferentes segmentos da sociedade civil mediante a realização de pesquisas, projetos de consultoria, atividades de formação e capacitação de profissionais envolvidos com o setor, articulação em redes de apoio a gestão de organizações, visando à promoção da cidadania.[1]

O site do NEATS traz vários materiais gratuitos importantes para os gestores de OSCs, como as palestras gravadas, que fazem parte do acervo da TV PUC, e livros para *download*.

O Prof. Michel é um dos 23 professores participantes do NEATS. Generoso, gosta de difundir de várias formas seus conhecimentos para os gestores de organizações da sociedade civil, quer por meio de palestras quer por obras escritas. Ele também atua como consultor em várias organizações Brasil afora. Aliás, o professor é entusiasta do trabalho híbrido, não somente nesta época de pandemia em que este livro é escrito.

"Faço praticamente tudo online agora. Claro que o contato pessoal é importante, mas pode-se conhecer a OSC de perto e depois continuar

---

[1] https://www.PUCsp.br/NEATS/apresentacao

prestando assessoria de forma remota, o que também é mais econômico. Antes da pandemia, eu passava metade do ano fora de casa, rodava muito o país. Hoje em dia, sou muito mais produtivo: na mesma semana estava atendendo organizações de Belém, Salvador e interior de São Paulo; se eu tivesse que ir pessoalmente, seria impossível, e, vale dizer, a necessidade maior de cursos e consultorias está fora dos grandes centros."

Vamos aos ensinamentos que o professor tem a nos dar nestas breves linhas!

Quais são os conselhos para quem quer iniciar uma OSC?

"O primeiro ensinamento que passo aos empreendedores sociais é que a primeira captação deles não tem que ser de dinheiro, mas de pessoas. O idealizador de uma OSC tem que reunir um grupo de mais de dez pessoas, pelo menos, em torno da sua causa. De outra forma, ele vai gastar dinheiro, se esforçar e não vai conseguir ter impacto. É fundamental ter pessoas dispostas a levar a mesma bandeira. Outro ensinamento básico: antes de montar uma OSC, cheque se não há muitas semelhantes, pesquise, procure, vasculhe toda sua região, sua cidade, faça uma busca detalhada mesmo. Se não fizer isso, o grande risco é se tornar mais uma organização sem impacto nem sustentabilidade."

Quando a academia lançou seu olhar para o Terceiro Setor?

"As organizações e centros educativos são muito antigos no Brasil e no mundo. As primeiras Santas Casas de base filantrópica ligadas

à Igreja Católica apontam o nascimento das organizações sem fins lucrativos, e o boom no Brasil se dá na década de 1980. No ano 2000, o número de organizações sociais atuando em diversos setores da sociedade de forma marcante já era bastante importante.

A academia começou a olhar para as OSCs já nos anos 1970, quando surgiram os primeiros artigos, as primeiras pessoas que se dedicaram a conhecer mais a fundo o tema. Em 1998, havia um burburinho muito importante nos principais centros e núcleos de estudos acadêmicos focados nas organizações do Terceiro Setor, principalmente na Bahia, Rio de Janeiro e São Paulo. Naquela época, tanto PUC (Pontifícia Universidade Católica) quanto USP (Universidade de São Paulo) começam esse movimento. No entanto, hoje ainda não há uma cátedra específica para o Terceiro Setor, o que há são cursos de pós-graduação e algumas matérias de graduação abordando empreendedorismo e impacto social, por exemplo."

Por que o NEATS envolve a Psicologia entre as matérias de interesse dos gestores de OSCs?

"Quando o NEATS começou, a sigla significava: Núcleo de Estudos Administração do Terceiro Setor, já que teve início dentro da faculdade de Administração. Depois, o 'A' da sigla se tornou 'Avançados', justamente porque percebemos que o Terceiro Setor não envolve somente Administração e que, portanto, na academia as matérias deveriam ser inter-relacionadas. Hoje, temos no Núcleo profissionais de Direito, Assistência Social, Psico-

logia, Administração e Economia. Cada área tem seu peso dentro de uma OSC e todas são importantes. No entanto, as questões de recursos humanos exigem muito preparo; afinal, a maior 'despesa' das organizações é na gestão de pessoas, e nada melhor do que ter psicólogos na Administração. Sendo assim, no NEATS, nós temos um curso de pós-graduação lato sensu de Gestão de Projeto, no qual recursos humanos é uma das matérias importantes. Eu dou aula de captação de recursos, outros professores falam das questões políticas, dos cenários econômicos, sociais, do impacto jurídico, do marketing e da comunicação, e, sem dúvida, gestão de pessoas é uma área importantíssima. É muito bonito conviver com diversos olhares, são olhares diferentes visando a formação de futuros gestores. Nós temos um curso de especialização e outros de extensão com duração de dois anos, além dos de menor duração ofertados eventualmente.

No Brasil, a oferta de cursos formalizados para o Terceiro Setor é pequena e essa característica de abarcar várias áreas é específica do NEATS, ou seja, o conceito de interdisciplinaridade, pois há cursos em outros centros mais focados em Economia ou em Administração. Há alguns similares ao NEATS no Senac, além dos cursos não acadêmicos de 1 dia, pontuais e instrumentais online. Todos são válidos? Sim, todo aprendizado é válido e não podemos nos esquecer de que muita gente que está no Terceiro Setor já tem um dom especial para atuar nas OSCs e pode fazer um bom trabalho. Só que, muitas vezes, eu, como professor, bato o olho e já digo: 'esse cara é bom, mas falta conhecimento.'"

Quais as principais habilidades de um gestor de OSC?

"O gestor precisa ser principalmente um bom administrador, deve entender de economia, ter inteligência emocional para lidar com as pessoas e ficar atento às mudanças no cenário do país. É essencial que ele conheça o perfil do seu usuário, aliás, eu prefiro o termo beneficiário, não usuário – termo ligado à Política Nacional de Assistência Social.

Hoje, temos softwares que ajudam muito na gestão das organizações. Existem os softwares tipo bússola social, que ajudam a OSC a identificar e a fazer gráficos completos sobre seu público-alvo: média de idade, renda média, sexo etc. São informações que antes ficavam em fichinhas feitas à mão. O bom gestor precisa conhecer esses sistemas e aqueles voltados à área financeira. Ele deve se esforçar para dominar essas tecnologias em busca de um bom desempenho, pois, com recursos escassos, o melhor é conseguir ser mais efetivo, e perde-se eficiência fazendo tudo à mão."

A tecnologia é muito cara no Brasil?

"Não, quase gratuita. Temos muitos softwares gratuitos e a Bússola Social, por exemplo, que custa 300 reais por mês. A TechSoup[2] oferece diversos softwares gratuitos ou com bons descontos. Dependendo da organização, não é tão barato assim, mas o custo-benefício é muito bom, já que fazer à mão fica mais caro e, por outro lado, não fazer sai mais caro ainda! Isso porque a pessoa que se está querendo atrair

---

[2] https://www.techsoupbrasil.org.br

como doador vai querer ter em mãos as informações da OSC: público-alvo, métricas, contas... Se o gestor não puder apresentar esses dados, perdeu! Mas sabemos que existem organizações muito pequenas, com apenas uns poucos voluntários e, claro, essas não têm acesso, só se fizerem boas parcerias. Estamos falando daquelas OSCs que estão em nível de contratar profissionais qualificados. Neste caso, a especialização é muito importante."

Faz diferença ter profissionais qualificados ou somente voluntários?

"Infelizmente, sim. Temos cerca de 800 mil OSCs no Brasil, segundo o mapa feito pelo Ipea, ou cerca de 300 mil, de acordo com a Fasfil (Fundações Privadas e Associações Sem Fins Lucrativos), do IBGE. Eu me baseio nesse último para dizer que cerca de 200 mil organizações são formadas apenas por voluntários: são associações de bairro e grupos de amigos que se reúnem em torno de uma causa, basicamente. Elas são importantes pelo fato de existirem e de serem, mas para o mercado não aparecem, pois em termos de impacto social a força delas é pequena. Sobram 100 mil OSCs e, dessas, uma grande parte tem cinco funcionários no máximo; portanto, essas organizações muitas vezes não têm recursos para a profissionalização nem para cursos de aprimoramento. Com base neste raciocínio, o que temos são aproximadamente 40 mil organizações que têm entre 10 e 20 funcionários e que realmente movimentam a economia, buscando sempre por profissionalização."

O que atravanca o Terceiro Setor?

"Eu acho que justamente a questão da falta de profissionalismo é uma questão. Se você vai para os Estados Unidos, Europa Ocidental, Canadá ou Austrália, há muito mais cursos, muito mais produção acadêmica para formar gestores. Aqui, falta essa produção acadêmica. Mas é bom dizer que estamos na frente de Portugal, por exemplo, por causa do atraso dos anos de ditadura naquele país.

Já quanto à legislação, eu diria que a nossa não é de se jogar fora. Há falta de incentivos para doação, mas, por outro lado, o incentivo 100% só existe no Brasil. São 4 bilhões de reais que saem diretamente do imposto. Nos Estados Unidos, esse incentivo 100% caiu em 1917; depois disso, o máximo lá é de 34%. Eu sou um dos que defendem a bandeira da extinção do incentivo 100%, porque, na verdade, quem está doando é o governo; a empresa e a pessoa física não doam nada, somente escolhem para onde querem destinar o imposto. Neste modelo, o governo deixa de utilizar do orçamento os cerca de 4 bilhões de reais, falando em números atuais. Eu prefiro o modelo em que o governo dá um pouco e a sociedade dá um pouco também.

Quanto à cultura de doação, não concordo em dizer que o brasileiro não tem essa cultura. Vemos todos se esforçando para ajudar na hora que surge uma calamidade, por exemplo. O que falta é a estratégia de abordar os possíveis doadores sempre. O americano não acorda todo dia e diz: 'para quem vou fazer uma doação hoje'? É que lá nos Estados Unidos eles pedem sem cessar e ninguém se incomoda. Talvez essa seja a diferença do brasileiro. Uma pesquisa americana dá conta de que a mesma pessoa tem que ser solicitada em média oito vezes para fazer uma doação. Falta ir atrás dos doadores aqui no Brasil, pois poucos são os que doam espontaneamente."

O Prof. Michel acompanhou de perto a elaboração do Marco Regulatório das Organizações da Sociedade Civil (MROSC). Fez gestões para facilitar a captação de OSCs menores, mas não teve sucesso. Ele acredita que o marco regulatório ainda deixou os mecanismos de captação do governo muito burocráticos.

"O marco regulatório é só uma regra de transferência de recursos do governo para as organizações. É um controle de como o governo vai liberar dinheiro para as organizações e veio basicamente para democratizar os recursos públicos. As concorrências não eram feitas com transparência e o marco trouxe esse componente, ou seja, se o governo vai destinar recursos para uma OSC, tudo tem que ser feito de forma aberta e pública. É o mínimo que se espera!

Queríamos ter simplificado a prestação de contas para valores pequenos, mas não conseguimos, porque os deputados entenderam que seria uma brecha para a roubalheira; e não era isso, estava tudo muito bem costurado. Então, quem continua tendo acesso aos recursos públicos são as grandes organizações, já que as pequenas não sabem como fazer a prestação de contas, é muito burocrático e muito, muito difícil, mesmo depois do Marco. Sem dúvida, o MROSC é mais democrático, mas ainda muito burocrático."

Agora, algumas dicas importantes que constam do guia sobre incentivos fiscais para captadores de recursos de OSCs, escrito pelo Prof. Michel Freller.

- *"Não existe falta de incentivos no Brasil, mas sim a presença de leis muito complexas e detalhadas;*
- *A diferença entre doação e patrocínio na Lei de Incentivo à Cultura é que somente OSCs podem receber doações. Produtores culturais e projeto no art. 26, somente patrocínios. Além dessa limitação, os patrocinadores que optarem por doação não poderão incluir seus logos em anúncios pagos em jornais e revistas;*
- *Conhecer as minúcias contábeis e a realidade das empresas é fundamental para uma captação de sucesso;*
- *É importante não se esquecer de visitar as empresas o mais cedo possível durante o ano, para que uma parte do IR seja separada para os projetos apresentados;*
- *Não deixe de procurar as leis municipais, como a Lei Mendonça, da cidade de São Paulo;*
- *Cada empresa pode aportar até 9% do imposto devido; em geral, uma OSC não consegue ter projetos aprovados em todas as leis. Sendo assim, abre-se uma oportunidade para indicar e ser indicada por OSCs parceiras que tenham bons contatos em empresas patrocinadoras. Quando conseguir acessar uma determinada empresa, a OSC não leva apenas o seu projeto, mas os de*

outras OSCs que atuam na mesma região ou que tenham outro tipo de aproximação. Caso consiga o apoio da empresa, a OSC que 'vendeu' o projeto fica com a comissão permitida por cada tipo de incentivo e vice-versa. Esse procedimento é denominado captação colaborativa, estratégia moderna e pouco utilizada, pois ainda existe muita desconfiança entre as organizações e ciúmes entre os seus captadores e diretores."

Anualmente, o NEATS forma cerca de 20 profissionais provenientes de várias partes do Brasil.

Para conhecer a grade de cursos, acesse: https://www.pucsp.br/neats/cursos-de-extensao-e-especializacao

No final deste livro, trazemos outras referências de cursos voltados ao Terceiro Setor.

CAPÍTULO 6:
COMO CRIAR E MANTER UMA OSC

Convidado: Danilo Brandani Tiisel, advogado graduado pela Faculdade de Direito da Universidade de São Paulo (USP), mestre em Direito, Justiça e Desenvolvimento pelo Instituto Brasileiro de Ensino, Desenvolvimento e Pesquisa, especializado em Legislação, Governança e Desenvolvimento Institucional de Organizações da Sociedade Civil e Negócios Sociais. Membro da Comissão de Direito do Terceiro Setor da OAB-SP, também é palestrante em diferentes congressos, seminários e eventos nacionais e internacionais e professor dos cursos de pós-graduação da Escola Superior de Advocacia da OAB, FIA Business School, Rede Filantropia e diretor da Social Profit Consultoria.

Nosso convidado para dar essa verdadeira aula prática de como abrir e manter uma organização da sociedade civil é *expert* em consultoria jurídica estratégica voltada para o Terceiro Setor e na elaboração de planos de sustentabilidade organizacional e de captação de recursos, desenvolvimento, implementação e avaliação de impacto para as OSCs.

Dar o primeiro passo para a criação de uma fundação ou associação exige uma série de cuidados e protocolos que devem ser seguidos rigorosamente. Então, acompanhe os dez passos cruciais indicados pelo Dr. Danilo Tiisel.

1. Entender quem é quem

O primeiro passo é compreender o que é uma associação e uma fundação. Geralmente confundidas, a primeira organização, com base na Lei nº 10.406/2002 (Código Civil), representa uma união de pessoas que se organizam para fins não econômicos. Já fundação, segundo o artigo 62 da mesma lei, determina que seu instituidor deve fazer a dotação especial de bens livres, especificando a finalidade a que se destina e declarando a forma de administrá-la. São instituições formadas pela constituição de um patrimônio, que servirá para fins de caridade ou beneficentes. Ou seja, o patrimônio é uma exigência no momento da constituição de uma fundação.

2. Requisitos para criação

Após entender a diferença entre associação e fundação, é preciso "ficar de olho" nos requisitos necessários para criar cada um desses tipos de organização. No caso das associações, são necessários: constituição feita por pessoas; ter (ou não) patrimônio inicial; finalidade livremente definida pelos membros; a deliberação entre os associados é livre e sua criação ocorre com transcrição em ata e elaboração de estatuto.

Para as fundações, são necessários: constituição obrigatória por meio de patrimônio aprovado pelo Ministério Público; a criação deve ser por meio de escritura pública ou testamento; as regras de deliberação devem ser definidas pelo instituidor e fiscalizadas pelo Ministério

Público; e todos os atos da criação são condicionados à aprovação do Ministério Público.

3. Constituição da entidade

Regida por um estatuto social, a constituição de uma associação se dá pela manifestação da vontade de pelo menos duas pessoas que visam se associar para determinado fim. Essa iniciativa deve seguir os pressupostos do artigo 104, do CC, que trata da validade do negócio jurídico, como ter mais de 18 anos de idade e não ter restrição legal ao exercício de seus direitos.

4. Formalização

Após o contrato, deve-se seguir alguns passos para oficializar a formação de uma associação: elaborar a proposta de estatuto; realizar Assembleia Geral com os associados para aprovação do estatuto; registrar o estatuto em cartório; realizar inscrição na Receita Federal para obtenção do CNPJ e na Prefeitura para a obtenção da Inscrição Municipal. Também se deve registrar os funcionários, se houver, junto à Delegacia Regional do Trabalho.

No caso de uma fundação, esta deve ser formada por um ou mais instituidores (pessoa física ou jurídica), que indicarão um patrimônio para sua formação. Para sua constituição, devem ser seguidos estes passos: efetuar escritura pública do bem em cartório para constituição; elaborar um estatuto com direitos e obrigações; e realizar lavratura da Escritura Pública em Registro de Imóveis competente. Depois, deve-se realizar inscrição na Receita Federal para obtenção do CNPJ, no INSS, na CEF para FGTS e na Prefeitura. Também é preciso registrar os funcionários, se houver, na Delegacia Regional do Trabalho.

5. Estatuto Social

Este é o documento responsável pelo controle de direitos e deveres – composto por cláusulas contratuais que relacionam a associação ou a fundação aos seus instituidores, dirigentes e associados, atribuindo-lhes direitos e obrigações entre si – e pela definição de outros elementos da associação e seus membros. Para que a associação adquira existência formal perante a lei (personalidade jurídica), é necessário o registro de seu estatuto social e de sua ata de constituição, bem como da eleição dos primeiros órgãos de administração no Cartório de Títulos e Documentos de Pessoas Jurídicas.

6. Administração

As associações geralmente são administradas por uma Assembleia Geral, responsável pela definição quanto à sua forma de atuação, um Conselho Administrativo ou Diretoria e um Conselho Fiscal. O Ministério Público pode fazer um acompanhamento das atividades desenvolvidas pelas entidades sociais. No caso das fundações, o controle é muito mais intenso, por meio da curadoria de fundações, existindo até uma obrigação anual de remessa de relatórios contábeis e operacionais. Já para as associações, esse controle não é tão rígido.

7. Títulos e certificações

Tanto as associações quanto as fundações podem pleitear junto aos órgãos públicos titulações e certificações, como: Título de Utilidade Pública Estadual e Título de Utilidade Pública Municipal; Certificado de Entidade Beneficente de Assistência Social (Cebas); Inscrição no Conselho Municipal de Assistência Social; qualificação como Organização da Sociedade Civil de Interesse Público, bem como outros títulos que permitem à pessoa jurídica pleitear imunidades, isenções tributárias e outros benefícios.

8. Capacitação

Para manter as associações e as fundações em pleno funcionamento, não basta apenas seguir à risca o que a lei determina. O capital humano também é um fator de extrema importância para o sucesso de uma organização. Mas, mais do que contar com um grupo de voluntários e profissionais bem-intencionados, é essencial que se invista em capacitação técnica. Quanto mais qualificada e bem-preparada for a equipe, mais chance de sucesso e continuidade se tem. Cursos, palestras, *workshops*, entre outras atividades, devem ser sempre estimulados.

9. Comunicação

De nada adianta ter um superprojeto e uma equipe gabaritada se ninguém conhecer o trabalho realizado e a causa defendida pela associação ou fundação. Por isso, é importante desenvolver um bom trabalho de comunicação, tanto por meio de uma assessoria de imprensa – pensando em organizações com mais disponibilidade de recursos financeiros – quanto por meio de blogs, *vlogs* e redes sociais.

10. Captação de recursos

Toda organização precisa de recursos para se manter – esta afirmação é mais do que óbvia, certo? Mas como conseguir esses recursos? Aqui, acabamos retomando um pouco dos tópicos apresentados anteriormente. Para conquistar a atenção de potenciais doadores, é preciso que a documentação da organização esteja em dia com as obrigações legais, que esteja munida por uma equipe bem-preparada para enfrentar os desafios do dia a dia e que, também, conte com uma boa comunicação (não apenas na hora de divulgar a causa, mas também na hora de prestar contas). Sem isso, quem se arriscaria a investir?[1]

---

1 https://socialprofit.com.br/dez-aspectos-importantes-para-criar-e-manter-uma-associacao-ou-fundacao-parte-1/

Capítulo 7:
Como fogos de artifício?

Convidada: Paula Fabiani, economista e CEO do IDS (Instituto para o Desenvolvimento do Investimento Social), que tem sua trajetória marcada pela atuação nos campos da filantropia e cultura de doação, estando à frente de iniciativas como a Pesquisa Doação Brasil, o Fórum Brasileiro de Filantropos e Investidores Sociais e a Coalizão pelos Fundos Patrimoniais Filantrópicos. Em 2020, ganhou o Prêmio Folha Empreendedor Social pela liderança do Fundo Emergencial da Saúde – Coronavírus Brasil.

Lembra aquele *boom* de doações do começo da pandemia no Brasil, em 2020? Pois é, como fogos de artifício, causou um grande estrondo, mas será que também se apagou tão rapidamente como os fogos?

Para tentar saber a resposta, vamos esmiuçar os resultados da pesquisa Doação Brasil 2020, coordenada pelo IDIS e divulgada em agosto de 2021 (período de realização: 16 de março a 22 maio de 2021). Este é considerado o mais importante estudo sobre doações no país, traça um amplo perfil do doador individual brasileiro e apresenta as características das doações, frequência, beneficiários e, sobretudo, estima o montante total doado. Aborda também informações sobre os não doadores e o que poderia fazê-los mudar de postura. O estudo dá conta de que 66% dos brasileiros são doadores; 37% doam dinheiro para ONGs; 16% doaram dinheiro para o combate à pandemia e 83% acham que doar faz diferença na sociedade.

Acompanhe os destaques da 2ª edição da pesquisa.[1]

1. A prática da doação caiu no Brasil

Entre 2015 e 2020, o percentual de doadores de todos os tipos (dinheiro, bens e trabalho voluntário) caiu. Atribuímos esse fato à prolongada crise social e econômica enfrentada no Brasil nesse período. Enquanto, em 2015, 77% da população havia feito algum tipo de doação, em 2020, o percentual ficou em 66%. Quando se trata de doação em dinheiro, a proporção caiu de 52% para 41%. E no caso de doações para organizações/iniciativas socioambientais, a redução foi de 46% para 37%.

2. Cresceu o engajamento das classes mais favorecidas

A doação de dinheiro para organizações/iniciativas socioambientais encolheu muito entre as classes menos favorecidas (de 32% para 25% entre 2015 e 2020, na faixa com renda familiar até 2 salários mínimos) e cresceu entre as classes com mais alta renda (de 51% para 58%, nas classes com renda familiar entre 6 e 8 salários mínimos, e de 55% para 59% entre as classes com renda familiar acima de 8 salários mínimos). Essas classes doaram mais em 2020 do que haviam feito em 2015.

---

[1] https://pesquisadoacaobrasil.org.br/

3. R$ 10,3 bilhões foi o volume total doado em 2020

Em 2020, menos brasileiros doaram a organizações da sociedade civil e o valor doado caiu. Em 2015, a mediana* do valor anual doado por pessoa era de R$ 240 e, em 2020, caiu para R$ 200 (*a mediana é preferida para estimar o valor total doado porque ela considera os valores mais praticados pela sociedade e despreza os valores extremos, ou seja, as doações muito altas ou muito baixas, que deturpam a média). Essa redução teve forte impacto sobre o montante total das doações. Em 2015, o valor total doado pelos indivíduos foi de R$ 13,7 bilhões, o que correspondia a 0,23% do PIB. Em 2020, somou R$ 10,3 bilhões, equivalentes a 0,14% do PIB desse ano.

4. Novas causas, novas preocupações

O efeito da pandemia mudou as prioridades dos brasileiros quando se trata de causas. Enquanto em 2015 Saúde e Crianças ocupavam os primeiros lugares na preferência, em 2020, o Combate à Fome e à Pobreza foi citado por 43% da população como sendo a causa mais sensibilizadora, seguida por Crianças, Saúde e Idosos. Duas outras causas também ganharam muitos adeptos nos últimos cinco anos – o Combate ao Abandono e Maus-tratos de Animais, e os Moradores de Rua. Ambas haviam pontuado muito pouco em 2015, mas aparecem no *ranking* de 2020 em quinto e sexto lugar, respectivamente.

5. A doação é vista como importante e transformadora

Apesar do encolhimento na prática, a população brasileira vê de forma cada vez mais positiva a doação. Mais de 80% da sociedade acredita que o ato de doar faz diferença, e entre os não doadores, essa concordância atinge 75%. O conceito de que a doação faz bem para o doador cresceu significativamente, de 81% para 91% da população, atingindo uma maioria quase absoluta. Outro aspecto positivo é que a ideia de que o doador não deve falar que faz doações está perdendo força. Em 2015, ela contava com a concordância de 84% da população e, em 2020, o percentual caiu para 69%. Este é um ponto especialmente importante porque o falar sobre a doação estimula sua prática, traz inspiração, esclarece temores e desperta o interesse de outras pessoas.

6. Mais brasileiros confiam nas ONGs e as consideram necessárias

A opinião dos brasileiros sobre as organizações da sociedade civil, mais conhecidas como ONGs, evoluiu muito nos últimos cinco anos. A noção de que as ONGs são necessárias no combate aos problemas socioambientais recebe a adesão de 74% da população, enquanto em 2015 essa concordância estava em 57%. A afirmação "percebo que a ação das ONGs leva benefícios a quem realmente precisa" conta com a concordância de 67% da população, e em 2015, esse índice era de 47%. O reconhecimento de que as ONGs fazem um trabalho competente é indicado por 60% da população, e em 2015, só 44% pensavam desse modo.

O maior destaque, porém, fica com o crescimento da confiança nas ONGs: 45% da população concorda que as ONGs deixam claro o que fazem com os recursos que aplicam. Em 2015, apenas 28% se mostravam de acordo com a afirmação.

Pela experiência e pelas percepções de Paula Fabiani, vamos melhorar nossa compreensão sobre os resultados e conclusões desse valioso estudo.

"A pesquisa mostra que houve avanços importantes em direção a uma cultura de doação mais robusta no Brasil, mas não se pode negar que as notícias não são tão boas assim. As doações de qualquer natureza – dinheiro, tempo, produtos – caíram de 2015 para cá. O voluntariado encolheu até mais que as doações em dinheiro. As doações institucionais, ou seja, para as OSCs, tiveram redução também: de 46% para 37%. Claramente, foi o efeito do impacto no orçamento das famílias com renda de até seis salários-mínimos. Como temos uma grande parte da população nessa condição de renda, no total o impacto foi muito significativo. Em compensação, nas classes mais privilegiadas constatou-se um aumento no percentual de doadores, e essa reação é uma excelente notícia.

Acredito que a pandemia tenha ajudado na empatia, no olhar para o outro, e a partir disso têm surgido muitas soluções territoriais, pois as pessoas se voltaram mais para o seu espaço. Antes, a pessoa que levantava de manhã para trabalhar e voltava no fim do dia nem prestava atenção na vizinhança; com a pandemia, essa pessoa começou a olhar mais para o seu entorno, a se preocupar mais com quem era seu vizinho e com o que estava acontecendo no bairro. Isso é um facilitador do sentimento de comunidade, e teve um impacto extremamente positivo. Mas eu acho que ainda temos muito trabalho a fazer em relação às populações mais privilegiadas. Apesar de elas terem se en-

gajado mais, esse envolvimento ainda é muito pequeno em relação ao potencial financeiro que poderia gerar.

As doações aumentaram, mas esse não foi um comportamento generalizado. O Brasil Giving Report trouxe um dado importante há cerca de três anos sobre o percentual de doações de acordo com a faixa de renda: o brasileiro que ganha até 10 mil reais/ano doa 1,2% da sua renda e o que ganha acima de 100 mil reais/ano doa 0,4%, portanto, temos que diminuir essa diferença. Os mais privilegiados no Brasil não doam como nos países da Europa e dos Estados Unidos, isso porque ainda não há a cultura do give back, ou seja, de retribuição à sociedade de uma parcela do que se recebeu. Mas, como houve um avanço nas doações da parcela mais privilegiada da população, estou otimista."

O brasileiro tornou-se mais solidário por causa da pandemia que jogou todo mundo no mesmo barco?

"A percepção que temos é de que a pandemia acelerou um processo que já estava em curso. Apesar da queda no volume de doações da maior parte da população, por falta de dinheiro, desemprego, posso afirmar que a pesquisa traz muitos indícios de que o brasileiro se tornou mais solidário no pós-pandemia, com menos barreiras para doar. Nós cruzamos os dados de volume de doações com outros para entender o que está acontecendo. Tem um indicador muito interessante que indica que o brasileiro percebe que ele é parte da solução dos problemas. Em 2015, 47% dos respondentes da pesquisa disseram que o governo é que tem responsabilidade de resolver os problemas

socioambientais. Esse número caiu para 36%; então, vemos uma mudança de postura da sociedade: 'Opa! Não é só o governo, temos que juntar esforços.'

Um outro ponto muito significativo é que a satisfação com a doação cresceu muito; já era alta, 85%, e foi para 94%. Isso quer dizer que o brasileiro está muito feliz em ser solidário. As pessoas que já viveram uma situação de vulnerabilidade e conseguiram dar um salto na qualidade de vida claramente se sensibilizam com mais facilidade e têm mais empatia. E o fato de a Covid-19 ser uma doença que afeta todos nós da mesma maneira, sem distinguir classe social, pode ter contribuído para aumentar o sentimento de empatia nas classes mais privilegiadas.

A questão da recessão econômica está diretamente ligada à prática da doação, não à prática da solidariedade. Solidariedade é ajudar um estranho, por exemplo. Na pesquisa especial feita neste período de pandemia do World Giving Index, da CAF (Charities Aid Foundation), da qual o IDIS é parceiro no Brasil, são analisadas três modalidades de ações solidárias: doação de tempo, doação de dinheiro ou ajuda a um estranho. Ajudar alguém é a prática mais simples e básica da solidariedade e esse indicador subiu no Brasil, atingindo o número recorde de 63%, sendo que a média mundial é de 55%. Vale ressaltar que a média desse indicador subiu no mundo inteiro."

Um ponto para lá de positivo e um dos principais avanços em relação à pesquisa anterior foi o aumento do grau de confiança da população nas OSCs.

"As organizações da sociedade civil foram as primeiras a reagir quando a pandemia começou a assolar o Brasil. Lançando campanhas e promovendo várias ações, foram as primeiras a chegar realmente aos mais vulneráveis. As pessoas perceberam que as ONGs eram um caminho para que elas pudessem fazer suas doações chegarem ao melhor destino, o que levou a uma melhoria da percepção do trabalho dessas entidades. O volume de doações que as ONGs conseguiram mobilizar, por si só, chamou bastante a atenção da sociedade.

É importante deixar claro que o fantasma da falta de confiança nas organizações existe em todos os países. Na pesquisa da Edelman, uma agência global de comunicação que mapeia o grau de confiança nas instituições – governo, mídia, empresas e ONGs –, fica patente uma desconfiança global. Do mesmo jeito que há corrupção nos governos, há casos também em empresas e nas ONGs, o que impacta sua credibilidade.

O que acontece é que há muito uso político das organizações. E a mídia noticiava o escândalo das ONGs há alguns anos com muito destaque. O que tivemos de reversão na pandemia é que, como vivemos num momento de emergência, de muito desalento, a mídia começou a trazer boas notícias a respeito do trabalho das entidades do Terceiro Setor. A mídia tem grande responsabilidade nessa construção da imagem também. E vejo que houve uma mudança flagrante no posicionamento midiático.

Eu acredito que nós vamos ter outros escândalos, não tem como fugir, isso é da natureza humana, mas não podemos negar que temos trabalhos importantíssimos das ONGs. Além do mais, eu acho que essa questão da desconfiança é uma desculpa para não ajudar, pois quando um empresário vai comprar uma empresa, ele paga uma fortuna para especialistas fazerem a famosa diligência, ou seja, auditoria. Quando se trata da filantropia, quase ninguém quer pagar para realizar uma auditoria e ajudar nesse processo da confiança. A grande maioria dos doadores pensa já estar fazendo um bem e não vê valor em investir nisso. No entanto, essa postura também mudou na pandemia. Muitas empresas entenderam os benefícios de ter intermediários para atestar a idoneidade das organizações que serviram de catalizadoras das doações. Nós, do IDIS, criamos o Fundo Emergencial para a Saúde em 2020, captamos 40 milhões de reais e doamos para quase 60 hospitais filantrópicos do Brasil inteiro. Houve vários hospitais para os quais não doamos, porque identificamos pontos de insegurança no processo de diligência: algum escândalo anterior, gestores já envolvidos em corrupção, instituições com muita dívida, que poderiam usar o dinheiro para pagá-las e não para a finalidade esperada etc. E foi o que de mais acertado poderíamos ter feito, pois conseguimos finalizar a prestação de contas de cada instituição beneficiada sem nenhum problema de desvio."

Qual terá sido a causa da maior confiabilidade depositada nas OSCs? Será que as organizações do Terceiro Setor fizeram essa conquista sozinhas?

"Eu acho que esse ponto positivo veio muito mais de uma percepção mais apurada da sociedade sobre o papel das ONGs. Mas na pandemia, como as organizações tiveram que agir de forma muito rápida, elas buscaram dar uma resposta mais eficaz de prestação de

contas a todos, dar publicidade às ações que estavam desenvolvendo, e eu acho que isso se somou à tecnologia, que veio para ajudar e que permitiu às organizações darem mais transparência ao modo como estavam conduzindo a mobilização dos recursos. Além da celeridade e eficiência, a tecnologia barateou a comunicação, isso porque, anteriormente, havia necessidade de enviar um relatório de atividades para as casas das pessoas, e isso era muito caro. Agora, com o aumento do uso das redes sociais para a prática da doação, houve uma redução de custos. Mas reforço que esse salto na confiança veio principalmente da percepção da sociedade diante da proatividade das organizações neste período de pandemia. As organizações da sociedade civil foram as primeiras a agir!"

Avanço na cidadania

Mais do que a confiança maior na idoneidade das organizações, é importante notar uma mudança na avaliação de como as OSCs são benéficas à sociedade. As ONGs trabalham junto aos seus beneficiários questões como a agenda de defesa dos direitos humanos e da consciência cidadã, e têm um papel fundamental.

"Para 60% dos entrevistados, a maior parte das ONGs faz um trabalho competente; eram 44% em 2015. Então, realmente temos uma melhor percepção do trabalho das organizações por parte da sociedade brasileira. Acho que essa combinação de aumento da confiança e maior envolvimento das classes mais favorecidas mostra um avanço na prática da cidadania na nossa sociedade."

Pedrinha no lago

E, sim, é importante você dizer que doa tempo, dinheiro, roupas ou o que quer que seja às entidades do Terceiro Setor. Por quê? Não para se autopromover e ficar bem na foto, mas simplesmente porque isso estimula outras pessoas da família, do círculo de amizades e da vizinhança a perceberem o quanto é necessário e gratificante fazer doações a quem precisa. A intenção deve ser sempre a de incentivar uma boa ação. É mais ou menos como uma pedrinha que, jogada no lago, provoca uma cadeia de ondas que se espalham rapidamente.

"Nós verificamos um fenômeno muito interessante que apareceu bastante nos grupos focais: o não doador não se declara mais como tal. Esse comportamento de dizer com todas as letras que não doava de jeito nenhum era muito forte em 2015. Muitos entrevistados faziam questão de dizer que não eram doadores porque esse não era o caminho, porque eles já pagavam impostos e outras coisas do tipo. Já nessa última pesquisa, aqueles que dizem que não doam não se sentem tão confortáveis e dão explicações plausíveis como: 'eu não doo porque não tenho dinheiro' ou 'porque não achei uma organização da qual eu tenha gostado'. Hoje em dia é como se pegasse mal a pessoa declarar que a doação não é uma coisa legal. E essa mudança foi efeito da pandemia. A mídia falou muito de doação, as empresas doaram um volume sem precedentes, havia um quadro no Jornal Nacional e isso praticamente reduziu expressivamente o percentual de brasileiros que se declaram não doadores convictos. Foi uma mudança estrutural importante, que abre espaço para melhorarmos neste campo. E não

podemos nos esquecer de que existe o trabalho firme de várias organizações que fomentam a cultura de doação, incentivam as pessoas a descobrirem suas causas e indicam de que forma elas podem se engajar. É o Movimento por uma Cultura de Doação, que conta com o site doar.org.br. Este movimento, que reúne centenas de pessoas, promove o Dia de Doar, uma prática que se espalhou por todo o país."

Solidariedade se aprende desde criança

"Dentre os doadores, foi destaque a vontade de dar exemplo para filhos, parentes e amigos. Eram 47% em 2015 e agora são 72%, um aumento expressivo! As pessoas começam a entender que elas têm um papel a cumprir. Nos Estados Unidos, existem programas como o Learning to Give, que trabalha nas escolas o conceito da doação, já que se sabe que é preciso começar a ensinar logo cedo. Aqui, temos o Dia de Doar Kids. Se todo mundo entender que essa atitude generosa é um bom exemplo, os pais começam a falar sobre isso com os filhos. Há ainda um movimento que incentiva as crianças a dividir a mesada em três partes: uma vai para doação, uma outra para a poupança e outra é usada para gastar com coisas que ela gosta. Essa é uma prática muito positiva."

Só vitrine?

Uma ou outra empresa continua a fazer grandes doações. Isso é constatado pelo Monitor das Doações da ABCR. Parece que a mídia e as pessoas não estão mais falando tanto sobre a importância da ajuda dos que têm mais para os que têm menos. Com certeza foi uma vitrine aparecer no quadro do JN, mas Paula pondera que valeu muito a pena, porque a sociedade mudou para melhor.

"As questões de posicionamento são muito mais importantes do que eram há dez anos. Antes eram só para um grupo, hoje todas as empresas estão sujeitas ao escrutínio dos seus consumidores, parceiros e de todas as partes interessadas. As empresas responderam nesse momento ao anseio da sociedade, que esperava as doações; a mídia também deu espaço, o que ajudou e incentivou muitas ações, sem dúvida. Tudo começou com a doação de 1 bilhão de reais do Itaú, que desencadeou uma corrida, porque todas as empresas falaram: 'Pessoal, precisamos fazer alguma coisa, não dá para ficar de braços cruzados'. É isso. Mesmo que tenha sido uma vitrine, com certeza teve e continuará tendo impacto importante para a mudança de mentalidade dos grandes doadores e das empresas."

Qual é a expectativa daqui para frente nas decisões de doação no Brasil?

Paula acredita que é preciso trabalhar para amenizar as causas dos problemas e não só os efeitos, e que, para que isso dê certo, o capital paciente – mais fortalecido lá fora e muito insipiente ainda no Brasil – é fundamental.

"Mesmo sem termos dados de pesquisa, a tendência é de uma queda significativa nas doações, principalmente das empresas. Há várias explicações para isso. Por exemplo: muitos grandes doadores podem ter tido frustrações com suas doações porque acharam que a ONG não prestou contas como deveria; outros acham em geral que 'estão enxugando gelo',

sem poder esperar soluções visíveis; e outros ainda podem ter se desanimado porque as ações tiveram que voltar a ser assistencialistas na pandemia. E isso foi necessário mesmo! A filantropia é uma jornada: começa assistencialista combatendo os efeitos, depois passa a atuar nas causas, e esse tempo tem que ser dado para as organizações. O fato é que aqui no Brasil não temos muito o capital paciente, ou seja, o investimento que espera o resultado que vem a longo prazo. O brasileiro tem uma visão de curto prazo em qualquer tipo de investimento e na filantropia isso não é diferente, pois historicamente temos taxa de juros alta, então, ganha-se dinheiro fácil e rapidamente. Os grandes doadores são conservadores, não têm a disponibilidade para assumir riscos, apostar em grandes resultados que não vêm de forma imediata. O mais tranquilo é apostar naquilo que está comprovado e funcionando bem, claro. Em vez disso, é premente que se aposte em ações que podem beneficiar milhares de pessoas, transformar a vida delas, mas que podem dar errado. O IDIS trabalha muito com famílias das classes mais privilegiadas, e nota-se que a aversão ao risco é grande: as pessoas arriscam no mercado financeiro, mas têm uma dificuldade enorme em arriscar em algo novo na filantropia. E deveria ser o contrário, porque o capital filantrópico pode ser um gerador de soluções para o governo, para políticas públicas, para realmente impactar milhares de pessoas. A filantropia pode testar novos caminhos."

Dinheiro carimbado

Algo que ainda enfraquece muito o Terceiro Setor é a decisão dos doadores em colaborar financeiramente apenas para projetos específicos: o tal dinheiro carimbado.

"Eu acredito que as organizações precisam dos 'dois dinheiros': aquele que será usado num determinado projeto e o institucional. Esse dinheiro vai para a manutenção da ONG e para que ela tenha, por exemplo, um bom gestor financeiro para desenvolver bons processos. Se as doações vão somente para os projetos, sem ter um equilíbrio com as doações institucionais, como a ONG pode investir em excelência e colocar em prática novos projetos para seus beneficiários? O doador precisa entender que a doação institucional é de suma importância para o fortalecimento da entidade.

O fundo patrimonial, que é a poupança da ONG, é um dinheiro que a organização tem, mas que fica rendendo: são os chamados endowments. As grandes universidades do mundo, como Harvard, possuem esse fundo, que serve para bancar projetos importantes que vão sair do papel mais para frente, em cinco anos, por exemplo, ou mais a longo prazo ainda. Os endowments propiciam às organizações investir em excelência e lançar um olhar mais estratégico para suas ações futuras."

Desde 2012, o IDIS vem defendendo a regulamentação dos *endowments* no Brasil. Apesar de muito populares em outros países, não havia legislação por aqui e, por isso, eram raros. Foi em junho de 2018 que a pauta se fortaleceu e ganhou muitos apoiadores, quando o IDIS liderou a criação da Coalizão pelos Fundos Patrimoniais Filantrópicos. Entre as principais conquistas, está a sanção da Lei 13.800/19, que regulamenta os Fundos Patrimoniais Filantrópicos no Brasil, em janeiro de 2019. Em outubro de 2021, entretanto, a Receita Federal, infelizmente, trouxe um posicionamento que vai na contramão do que há no exterior, em termos de tributação dos *endowments*, contrariando a Constituição Federal do Brasil e diversas decisões de nossas cortes, administrativas e judiciais, sobre temas similares. Nossa Constituição garante o regime da imunidade de impostos a instituições sem fins lucrativos de educação, saúde e assistência social. No entanto, a Receita Federal entendeu que a imunidade não se aplica às organizações gestoras de fundo patrimonial. Na prática, isso significa que os fundos patrimoniais constituídos com base na Lei 13.800/19 deverão tributar pelo Imposto de Renda seus rendimentos de aplicações, ainda que se dediquem exclusivamente a uma escola, a uma universidade ou a um hospital, sejam eles públicos ou filantrópicos. Esta é uma questão importante e mudar este entendimento está entre as prioridades do trabalho de *advocacy* conduzido pelo IDIS nesta agenda.[2]

---

2 https://www.idis.org.br/

CAPÍTULO 8:
DOAÇÃO TEM QUE VIRAR CONVERSA DE BAR

Convidado: Marcelo Estraviz, um dos principias formadores do Terceiro Setor, tendo capacitado mais de 20 mil pessoas no Brasil, México, Uruguai e Argentina. Marcelo é consultor na área de captação de recursos, professor voluntário da Escola Aberta do Terceiro Setor, um dos fundadores da ABCR – Associação Brasileira de Captadores de Recursos, onde contribuiu para a criação do código de ética do setor; é fundador e presidente honorário do Instituto Doar, que tem como missão ampliar a cultura de doação no Brasil, um dos idealizadores do Dia de Doar e criador do Selo Doar e do Prêmio 100 Melhores ONGs. Há três anos, fundou o Fundraising Academy – escola de cursos *on-line* em captação de recursos.

O título deste capítulo veio de uma frase dita pelo nosso convidado, que afirmou sonhar com o dia em que a doação fará parte de conversas de bar entre amigos, com um incentivando o outro, a partir do próprio exemplo, a praticar a bela ação de doar o que tem de sobra a quem precisa.

As ideias de Estraviz, que começou a atuar no Terceiro Setor há mais de 20 anos, têm o propósito de ajudar o potencial doador a tomar sua decisão de doação em bases sólidas, cavando as informações necessárias para descobrir sua causa e definir qual ONG vai se propor a apoiar com tempo, produtos ou dinheiro.

Estraviz é *expert* na área de captação de recursos. Ele escreveu o livro *Um dia de captador* e, generosamente, colocou o *e-book*[1] de graça na internet, pois tem o desejo de difundir seus ensinamentos na área para ajudar especialmente pequenas ONGs no processo de profissionalização.

Uma curiosidade é que, mesmo nesta época em que muitos têm ojeriza em chamar as Organizações da Sociedade Civil de ONGs – por causa, diga-se, dos escândalos que envolveram essa nomenclatura no passado, e de quando em vez –, ele acha bacana chamar as organizações de ONGs e não de OSCs: "A mudança dessa nomenclatura acontece no mundo todo, e aqui no Brasil há um viés político em torno da alteração do nome, mas ONG é bacana, além disso, acho 'ósqui' muito feio, não funciona!", declara Estraviz.

E como começou a história frutuosa desse importante player no campo das organizações sociais?

"Há 22 anos, eu trabalhava numa multinacional, era gerente de marketing. Depois de algum tempo que saí de lá, montei uma produtora de cinema e captei muito dinheiro, já que naquela época estava começando a aplicação das leis de incentivo; então trabalhei muito com comissão: dei comissão para captadores, eu mesmo recebia, e posso dizer que era uma festa de 'dinheiros' e comissões. Várias coisas me

---

1 http://www.estraviz.es/wp-content/uploads/2017/09/ebookdiadecaptador.pdf

incomodaram durante esses dois ou três anos. Eu não achava muito justo esse processo todo, e, no final das contas, todo esse dinheiro era muito tóxico: comecei a saber que, para conseguir o financiamento de uma empresa para uma produção, captadores que eu contratava davam metade da comissão deles para o funcionário daquela empresa. Eram uns enroscos tão grandes que, acredito, tenha sido por frustração a minha entrada no Terceiro Setor. Eu pensava comigo: quero ir para um lugar mais limpo, para um lugar onde não tenham esses indecoros todos."

Captação e comissionamento às claras

A insatisfação com um Terceiro Setor arranhado pela corrupção levou Estraviz a pensar em usar suas habilidades em *marketing* e captação de recursos nas organizações da sociedade civil.

"Pela minha experiência na captação, achei que eu poderia ajudar as organizações. Foi aí que eu percebi que tinha que aprender tudo do zero, porque meu conhecimento era só com empresas e incentivos. Tanto que, quando eu escrevi o livro sobre captação com a Celia Cruz, aprendi muito. Aprendi com ela, que foi muito generosa em aceitar que escrevêssemos o livro juntos, e ao longo da minha caminhada.

Por todo esse histórico, eu sou especialmente incomodado com questões de comissionamento de captadores, pois eu vivi isso na pele!

No setor privado, e até na área cultural, o comissionamento é normal: num departamento de vendas, por exemplo, é supercomum o comissionamento, mas feito com transparência, não às escuras.

Diante de toda essa vivência, eu fui um dos mais xiitas na hora de montar o código de ética do setor na ABCR. Hoje, eu até imagino situações em que, por exemplo, se dá um bônus por um bom resultado a um captador celetista que conseguiu um importante financiamento de um grande banco para um projeto cultural. Está aprovado até pelo governo, que seja assim. O que éramos contra na época, e continuamos sendo, é que uma organização, sem um departamento de captação montado, fique dependente de um captador terceirizado, que tem na mão um leque de projetos. Isso não desenvolve a organização, e esse é o ponto principal. Não dá para imaginar que um captador terceirizado ajude uma ONG em longo prazo, mas apenas momentaneamente. Por essa razão, sou um grande defensor da criação de um departamento de captação. Quinze anos da minha vida profissional vivi fazendo consultoria para a estruturação desses departamentos. Fiz duas consultorias voluntárias e depois me tornei consultor. Devo todo o pagamento da escola da minha filha a esse trabalho, basicamente. E fico feliz em ver que, nessas ONGs em que fui consultor, consegui criar uma forma de entender melhor a importância da profissionalização na captação de recursos. Todas elas estão bem e crescendo de modo sustentável.

Vamos fazer uma comparação com a iniciativa privada. É como se uma empresa não achasse importante montar um departamento de vendas e pensasse: 'Meu diretor pode fazer contatos para vender, o gerente também etc.' É óbvio que uma ONG precisa de dinheiro, e dinheiro que não pode surgir só de vez em quando, portanto, alguém tem que estar o tempo todo pensando em como captar esses recursos.

Os gestores e fundadores até tentam ocupar esse papel, mas, inevitavelmente, focam mais na missão. O biólogo que defende a lontra foca mais na lontra do que em conseguir dinheiro para cuidar da lontra. É disso que se trata."

Gestão séria e transparência na comunicação

Em 2012, Estraviz e seus parceiros criaram o Instituto Doar, tendo em vista que já existia um ecossistema de serviços no Terceiro Setor para auxiliar as ONGs a serem mais profissionalizadas: consultorias qualificadas, cursos, a ABCR, o Instituto Filantropia. E o Doar vinha para oferecer ajuda aos que estavam "do outro lado do balcão": os doadores. Com base em quais dados o potencial doador saberia sobre o impacto e a idoneidade desta ou daquela ONG?

Estraviz queria oferecer subsídios para facilitar a dinâmica da tomada de decisão de doar. Nessa lógica, foram criados o Selo Doar e, na sequência, o Prêmio 100 Melhores ONGs. Nunca sozinho, sempre com parcerias de peso.

"O Instituto Doar foi criado com a missão clara de ampliar a cultura de doação no país. A partir daí, ajudamos a formar muitas ações no universo das ONGs e entregamos para o mundo. Por exemplo, o Dia de Doar foi criado e, posteriormente, a ABCR começou a fazer a gestão. Participamos da criação do Movimento pela Cultura de Doação, que hoje envolve uma centena de pessoas e instituições que fazem o movimento acontecer. A motivação de tudo isso era: como eu posso ajudar qualquer pessoa na tomada de decisão da doação? É

isso que me move em tudo o que eu faço nessa área. Em meio a outras iniciativas, criamos o Selo Doar, para colocar um holofote naquelas ONGs que realmente são profissionalmente sérias. Para operacionalizar o Selo Doar, fizemos pesquisas sobre outras iniciativas do tipo no mundo todo e nos inspiramos também no Selo ISO 9000, pensando num selo que atestasse a seriedade da organização.

O paralelo é simples. Vamos supor que uma pessoa ou empresa precise comprar cadeiras e comece a pesquisar fornecedores. Se duas das empresas pesquisadas tiverem o ISO 9000, já tem um filtro e vai ser mais seguro escolher entre essas duas.

Então, muito inspirado nisso e em quesitos objetivos como governança, transparência de dados, informação, comunicação, fomos definindo os critérios para certificar as ONGs. Nos balizamos também por alguns conceitos já definidos no código de ética da ABCR, nas regras de transparência estabelecidas pelo GIFE – Grupo de Institutos, Fundações e Empresas – e pelo IBGC – Instituto Brasileiro de Governança Corporativa. Assim foi ganhando corpo nosso conjunto de critérios para a certificação com o Selo Doar."

A princípio, foram criados 44 critérios para o Selo Doar, mas a cada três anos há uma revisão e atualização. Foram adicionados posteriormente critérios referentes ao RH das ONGs, por exemplo. Desde 2013, mais de 200 ONGs renovam o Selo Doar anualmente.

"Nossa característica principal em relação ao Selo Doar é ter elementos fáceis de entender, transparentes, padronizados, e critérios públicos.

Portanto, é um certificador de algo público e garantido que, sem dúvida, gera certa legitimidade por nossa experiência pessoal e profissional."

E o Oscar vai para...

Depois de alguns anos, mais uma ideia brilhante para atestar a boa gestão e a transparência das organizações da sociedade civil: o Prêmio 100 Melhores ONGs, criado em 2016 e que tem edições anuais. Para Marcelo Estraviz, é o Oscar do Terceiro Setor, que tem a participação de pesquisadores da FGV, jurados vinculados à academia e de parceiros importantes no Terceiro Setor e na comunicação. Nesses anos de pandemia, a premiação aconteceu online, em parceria com o Canal Futura.

"Depois do Selo Doar, faltava termos um Oscar, ou seja, uma outra forma de trabalhar a decisão de doar. Bem, se a pessoa escolhe o fornecedor de cadeiras levando em conta as empresas que têm o ISO 9000, quem vai escolher um filme para assistir, vai ter disponível a informação se ele ganhou ou não o Oscar; portanto, pensamos numa outra dinâmica da tomada de decisão. Nós vemos o prêmio como algo mais festivo, de celebração, de reconhecimento entre pares, um palco onde as organizações podem aplaudir umas às outras. No primeiro evento, a plateia estava lotada de organizações que sabiam da existência umas das outras, mas nunca tinham interagido. Então, o momento da premiação serviu para as ONGs se abraçarem, trocarem ideias, e é assim até hoje. A certificação visa destacar entidades que mostram seriedade na gestão de recursos, apontando que é seguro doar e incentivando outras entidades a seguirem modelos eficientes e transparentes de gestão.

Até agora, foram avaliadas pelo Selo Doar e pelo Prêmio 100 Melhores mais de 5 mil organizações. Mas Marcelo deixa claro que o que vale, a título de informação atualizada, são as 100 melhores do último ano e as ONGs que estão atualizadas pelo Selo Doar. Isso porque uma ONG premiada por seguir boas práticas em um determinado ano pode ter mudanças negativas no ano seguinte. Não é uma ciência exata.

Nós não quisemos criar um prêmio só para uma elite de ONGs que atuam no eixo Rio-São Paulo. Então, fizemos um grande esforço de ampliação de divulgação no Brasil todo e criamos uma categoria adicional que leva o nome de 10 Melhores ONGs de Pequeno Porte. Algumas vezes há ONGs que se destacam nas duas categorias: entre as 100 e entre as 10. Esse cruzamento foi importante, pois vimos que as menores também têm chances reais de figurar entre as 100 Melhores. Em 2021, outra inovação foi que pela primeira vez criamos As Melhores por Estado, porque antes não havia volume significativo de inscrições e fazíamos a premiação por região. Ainda não são todos que participam: estamos premiando mais de 20 Estados, e para o doador de cada um deles é muito bom ter referências bem perto. Nós focamos na gestão e na transparência das organizações, mas o objetivo final é o potencial doador."

A tal conversa de bar

"Nas pesquisas, são muitos os motivos pelos quais as pessoas dizem que não doam. Tem gente que diz que é porque o dinheiro vai ser usado mais para bancar a ONG do que para ajudar as pessoas; não doam porque não têm dinheiro; e até que não doam porque ninguém

nunca pediu alguma doação. Mas, na verdade, a pessoa nem está pensando nesses assuntos para tomar a decisão de não doar, é que ela não tem coragem de dizer que não doa porque simplesmente não quer doar, porque nem parou para pensar no assunto. Então, eu brinco que doação um dia tem que virar conversa de bar, a ponto de que um desses caras que não fez doação fique com vergonha de não ter doado, diante dos outros amigos que são doadores, diante de boas histórias de doação que fizeram bem a quem necessitava e melhor ainda para quem foi generoso e doou!

É importante ressaltar essa questão colocada nas pesquisas, em que as pessoas respondem que não doam porque ninguém pede a elas. Existem muitos potenciais doadores que nunca foram abordados para doar aqui no Brasil. Nos Estados Unidos isso não acontece. As pessoas são abordadas constantemente, por 20, 50 organizações, por ano. Por isso é importante ajudar as pessoas que querem doar a tomar a decisão, diante de informações claras e de forma eficaz."

E se pensarmos em um mundo sem ONGs?

Esta pergunta surgiu justamente por causa da questão levantada no parágrafo anterior: muitas pessoas acham que o dinheiro doado vai sustentar a estrutura da ONG e não ajudar o seu público-alvo. A resposta de Estraviz é sem rodeios.

"Eu acho corretíssimo esse pensamento. Lá fora há uma tendência forte de que isso ocorra. Existe a chamada smart philanthropy, uma modalidade de doação em que o dinheiro vai direto para a conta do

necessitado. Foram criadas plataformas seguras para se fazer uma doação em dinheiro para uma pessoa que pode estar do outro lado do mundo, e ela recebe diretamente no celular dela. Tenho amigos, inclusive no Brasil, que são defensores dessa modalidade e não doam mais para as ONGs convencionais. Hoje, a tecnologia permite isso. Então, não existe uma regra rígida: pode ter a ONG intermediando ou não.

É fato que a ONG não 'precisa existir', porque é uma ação voluntária, não é obrigatório que exista. Mas é muito legal termos determinadas organizações que fazem coisas muito bacanas e que realizam a intermediação entre quem precisa e quem pode ajudar. Existem motivos para termos ONGs a rodo nas sociedades: organizações que defendam, por exemplo, que as mães das crianças com câncer tenham uma atividade enquanto esperam pelos filhos no tratamento: essa é uma causa típica de organização social. Então, ONG nunca pode ser uma obrigação, e o dia que virar obrigação não é mais ONG, é política pública. Portanto, as organizações da sociedade civil são tudo aquilo que não se configura política pública, mas que surgiu de uma necessidade e tem caráter criativo. Ouvi um dia um expert estrangeiro dizer que a ONG tem que estar no extremo mais inovador possível, ou seja, política pública é aquilo que é óbvio: por exemplo, as mães precisam de creche para seus filhos; mas promover uma atividade de crochê para as mães das crianças com câncer, isso é coisa de ONG.

Não obstante, acredito que a ONG tem que ser econômica e trabalhar melhor para realmente cumprir sua missão. Não faz sentido uma dinâmica de gastos equivocada em que 80% do custo de uma ONG é para pagar funcionários. Simplesmente não faz sentido!

Na lógica da transparência, o nosso raciocínio é o seguinte: para dar um selo ou uma premiação, buscamos aquelas organizações que já dizem a que vieram, que revelam claramente qual é a sua causa e quais são suas ações. É fundamental que a ONG apresente um gráfico 'pizza' mostrando o correspondente a cada um dos custos e à receita da organização. Nosso propósito é o de reconhecer o que cada ONG entregou de fato à sociedade. Tudo isso tem que estar no papel e com um resultado visível. Existem iniciativas, como a Charity Navigator, nos EUA, que permite que qualquer pessoa clique no nome de uma organização e saiba tudo sobre ela. Lá tem diversas informações: gráficos, valores, pontuações diferentes, cruzamento de informações, salários dos principais gestores, diretores, quanto corresponde ao custo de funcionários, quanto é direcionado diretamente para a ação, informações de fundraising, administrativas etc. Nós podemos chegar a esse nível no Brasil, mas enquanto isso, estamos reconhecendo aquelas organizações que têm a coragem de dizer abertamente quanto elas investem e quanto vai para seu custo.

Estamos num processo. Hoje, já tem gente lá na frente doando diretamente para quem necessita, há aqueles que estão decidindo agora se é ou não importante doar e para quem, e, no meio do caminho, estamos tentando ajudar as pessoas a tomar a decisão de doar."

Sem generalizações

Em meio às críticas e ao ceticismo de muitos sobre a seriedade das organizações da sociedade civil, vale a pena ver a ponderação sensata de Estraviz sobre o universo do Terceiro Setor.

"Quando eu saí de onde estava trabalhando com incentivo e disse que queria ir para um lugar melhor, onde só tivesse gente do bem, que nada! Encontrei muita gente picareta também no Terceiro Setor, menos que em outros lugares, mas é o mundo. Por exemplo, eu, pessoalmente, desconfio de ONGs que mantêm relações fortes com governos. Não que todas tenham problemas, mas é aí que está o dinheiro fácil, o volume grande de recursos... A má fama das organizações vem muito de uma relação espúria que, muitas vezes, se estabelece com os governos. Repito, há muitas organizações sérias fazendo trabalhos com governos de forma transparente, corretíssima, o fato é que eu observo com mais critério essas ONGs. Mas nós não podemos afirmar que porque uma ONG se envolveu num escândalo, todas são ruins."

O poder da gratidão

Quer nas relações pessoais ou profissionais, um "obrigado" pode quebrar o gelo e dar satisfação a muita gente. Essa afirmação cabe como uma luva no relacionamento entre ONGs e apoiadores. Veja como isso se dá na prática.

"Tenho duas leituras em relação à gratidão: a leitura do que as ONGs devem fazer para demonstrar gratidão e o que nós, como pessoas, devemos fazer.

Nas ONGs, a gratidão é estratégica. Exemplo concreto: na relação de ONGs com as empresas financiadoras, eu ensino literalmente a organização a fazer uma visita por ano para pedir e outras três para não pedir nada. Tem um amigo meu, que é mineiro, e que leva uma goiabada para o apoiador da organização, vai lá para conversar; o captador ou gestor pode fazer uma visita ou convidar para um cafezinho. Isso é relacionamento.

Com o doador pessoa física, a ONG tem que agradecer cada vez que recebe uma doação, não tem que ligar o automático e ir recebendo as doações mês a mês sem um 'obrigado'. Precisa enviar um e-mail de agradecimento, fazer uma comunicação bem-feita; o que não pode é se esquecer disso. Essa questão não é uma bobagem, é uma questão profissional de relacionamento pós-doação.

A segunda leitura é simples: é só prestarmos atenção no quanto qualquer um de nós fica feliz quando é reconhecido e recebe um gesto de gratidão; essa gratidão proporciona um sentimento ótimo!

Faço um paralelo com a sensação de agradecimento que todos nós experimentamos em vários momentos ao longo de nossa vida. Quando observamos a beleza da natureza e podemos desfrutar dela, por exemplo, sempre aparece a sensação de gratidão, que precisa ser ofertada também para os outros, para gerarmos mais pessoas agradecidas no mundo.

Bom, aqui eu fiz uma mistura de filosofia 'barata' com uma boa e necessária prática de agradecimento das ONGs para com seus doadores, mas acho que essa é um pouco a ideia."

CAPÍTULO 9:
TUDO O QUE VOCÊ PRECISA SABER PARA SE APAIXONAR POR UMA ONG

Convidado: Professor Fernando Nogueira, responsável pela elaboração dos critérios e aplicação das regras do Prêmio 100 Melhores ONGs. Nogueira é mestre e doutor em Administração Pública e Governo pela FGV-EAESP, professor na FGV-EAESP e na ESPM, pesquisador do Centro de Estudos de Administração Pública e Governo (FGVceapg) e colaborador-voluntário da Associação Brasileira de Captadores de Recursos (ABCR), além de atuar como consultor em gestão em associações sem fins lucrativos.

Neste capítulo, pretendemos que você, caro leitor, entenda como é o processo, aliás, em contínua atualização, da criação dos critérios para certificar com o Prêmio 100 Melhores ONGs. Os critérios usados para a escolha das 100 Melhores ONGs brasileiras são um caminho sedimentado para que o potencial doador possa avaliar se uma organização, além de defender uma causa, trabalha de acordo com padrões adequados de gestão, planejamento e transparência. Como já vimos no capítulo anterior, a premiação tem o propósito de reforçar a confiabilidade de cada organização, a fim de incentivar mais pessoas a decidirem doar tempo e/

ou dinheiro para as ONGs e estimular outras organizações a seguirem modelos transparentes e eficientes de gestão.

Além de elaborar os critérios para essa premiação, o professor Fernando Nogueira supervisiona todo o trabalho da equipe técnica. A escolha das 100 melhores é feita por uma comissão julgadora totalmente voluntária e independente, uma banca composta por lideranças, pesquisadores e técnicos em gestão de ONGs.

Sob a batuta do Prof. Fernando, foi desenvolvido um roteiro com perguntas a respeito de cinco grandes temas transversais, ou seja, que se cruzam, e que permitem a verificação das condições de transparência e gestão nas organizações. São cinco critérios básicos que se mantêm desde o começo e em torno dos quais foram reunidas as questões:

- Causa e Estratégia de Atuação;
- Representação e Responsabilidade;
- Gestão e Planejamento;
- Estratégia de Financiamento;
- Comunicação e Prestação de Contas.

Sim, são apenas as 100 Melhores ONGs que ganham holofotes, mas o impacto dessa premiação beneficia, mesmo que indiretamente, todo o ecossistema de organizações sociais de nosso país e se mostra uma ferramenta importante para aumentar a resiliência das ONGs no dia a dia e em situações extremas, como na pandemia fortuita que, além de ser dramática para a população do mundo inteiro, atingiu em cheio a economia global.

No princípio, havia um conjunto de aproximadamente 50 critérios; esse número foi crescendo ao longo dos anos e, em 2021, chegou a cerca de 100 entre as fases 1 e 2 do processo de seleção. E por que isso acontece?

"É uma razão dupla: primeiro para refinar a metodologia, ir percebendo ao longo dos anos que outras questões deveriam ser abordadas. Tudo é feito com um diálogo muito interessante envolvendo as ONGs e os jurados, resultando em um aprimoramento natural. O segundo ponto é muito objetivo: à medida que mais ONGs participam a cada ano e a competição vai ficando acirrada, precisamos de mais critérios para conseguir destacar as organizações, porque está começando a haver muito empate. Dessa forma, às vezes, o que decide se a organização vai ficar entre as 100 melhores ou não é 1 ponto, meio ponto, e ter mais critérios ajuda a fazer essa diferenciação. Foi nessa linha também que foram feitas outras modificações no escopo do prêmio. Os destaques por região acontecem desde a 1ª edição, mas criamos recentemente mais uma categoria: 10 Melhores ONGs de Pequeno Porte. É fato que os critérios acabam favorecendo e retratando organizações maiores, que têm condições de investir mais na sistematização da gestão, então, achamos importante incentivar as menores, mesmo porque a maioria das ONGs no Brasil é de pequeno porte, falamos de organizações que nem têm funcionários, ou que têm um ou dois. Essa condição descreve no mínimo dois terços das organizações brasileiras."

Acompanhe toda a argumentação de nosso convidado para detectar o que é importante saber antes de se apaixonar por uma Organização da

Sociedade Civil, além de compreender de forma clara, e técnica, tudo o que envolve esse universo do Terceiro Setor, atentando para o possível papel que você pode ter no engajamento em uma ONG e na busca por um mundo mais solidário.

A premiação pode funcionar como um incentivo para o crescimento das ONGs?

"Existem ONGs em que a razão de existir é a paixão pela causa, é o voluntariado numa comunidade muito pequena, e aqui falo de comunidade no sentido amplo: territorial, em torno do apoio a doentes, de algum interesse de estudo etc. Sempre vai haver espaço para essas organizações pequenas, onde o mais importante é ter uma estrutura para reunir pessoas em torno de uma causa. Mas, claro, se a ONG quer crescer, se estruturar, quer receber mais apoio, tem o interesse de mostrar para uma ampla gama da sociedade que é uma organização legítima e vai cuidar bem do dinheiro doado, é fundamental buscar referências de profissionalização e sistematização, e a premiação é um importante incentivo."

Agora, "a" pergunta! O que uma pessoa deve saber antes de se apaixonar por uma ONG?

"Acho que o primeiro desafio para a ONG é informar muito claramente sua causa e estratégia de atuação, ou seja, deixar muito claro o que ela faz e como ela faz. Para quem está buscando informações sobre esta ou aquela ONG a fim de se tornar um apoiador, essas duas questões constituem um ponto de partida muito importante. Parece óbvio o que eu estou falando, mas como as ONGs tra-

balham com coisas complexas e em torno de conceitos e identidades, é algo que pode não ser assim tão automático e fácil de compreender. Basta ver que, em alguns casos, é até difícil uma pessoa que trabalha em uma organização social explicar para os parentes e amigos o que ela faz. Portanto, buscar saber com clareza o que a organização faz e como faz é um passo importante.

A partir daí, acredito que é preciso checar alguns critérios básicos de transparência, como relatórios de atividades, prestação de contas, ou seja, uma transparência em relação a questões financeiras, e ainda, no caso de uma ação pontual de ajuda, deve-se saber para qual finalidade a ONG precisa daquela doação. Neste ponto, acredito que seja relevante dizer, até para sensibilizar e educar o doador, que as organizações precisam de dinheiro não apenas para os projetos, mas para se manterem ativas também. Ouço muita gente dizendo para os gestores ou captadores de recursos: 'Eu vou doar, mas quero que esse dinheiro vá todo para a causa, para o público-alvo'. E isso não é sustentável, porque se a gente quer que as organizações se fortaleçam e tenham estrutura para aumentar seu impacto, é importante também investir nisso. Nesse sentido, às vezes, o pessoal brinca dizendo: 'Se alguém vai comprar um celular, não diz para a Samsung ou a Apple: 'Olha, eu vou comprar, mas eu quero que o dinheiro seja investido somente para produzir outro celular, viu?'

Isso é fato. Nós não ficamos preocupados se o dinheiro da nossa compra vai ser usado para pagar a conta de luz, a secretária ou o fornecedor dessas empresas. Então, por que cobramos isso das ONGs? Eu não quero dizer com isso que as ONGs não têm que buscar eficiência, não têm que usar bem aquele dinheiro, claro que essa é uma condição básica. Mas é importante sensibilizar o doador para essa questão da sustentabilidade das organizações sociais.

Outro ponto relevante: nós observamos sempre os indicadores de desempenho das ONGs, e com um objetivo duplo: não só para poder medir e melhorar a gestão, porque se não há indicadores é difícil ver no que é possível melhorar, mas também para a transparência na comunicação. O conceito de confiabilidade da ONG sobe muito quando os indicadores de processo são atendidos, quando, por exemplo, a organização comunica de forma clara quantos jovens foram atendidos num projeto, quantos cursos foram oferecidos ou quantas intervenções foram feitas para melhorar o meio ambiente, se a causa for essa. E são importantes os indicadores de avaliação de resultado, em que, por exemplo, a ONG declara que conseguiu aumentar a chance de empregabilidade dos jovens em 15%, conseguiu reduzir algo negativo em x%; são todos pontos indispensáveis para atestar a credibilidade da organização.

As ONGs médias e grandes conseguem medir impacto com a contratação de profissionais especializados que usam ferramentas mais sofisticadas de avaliação. Isso não quer dizer que as ONGs menores devem deixar isso de lado. Muitas conseguem parcerias para fazer a medição de impacto.

O mesmo se aplica para a realização dos relatórios das organizações. A transparência é uma verificação das mais importantes e a ONG precisa ter seus documentos e sua prestação de contas sempre em dia; isso não só para apresentar um relatório bonito e bem-feito por uma consultoria especializada apenas para participar da premiação, mas a organização deve ter isso como uma prática constante. A prática é sempre muito mais importante do que um relatório bonito. Digo isso porque, sim, é muito bom ter consultores especializados para fazer seus relatórios, entretanto, se a organização não tem dinheiro para isso e pensa em não fazer a documentação, isso está errado. Que faça o relatório de uma forma simples, bota em um Word, em algumas páginas, porque assim demonstrará que está sendo transparente e essa prática tem um valor enorme."

Por que são necessários tantos critérios para atestar a idoneidade de uma ONG?

"Todos os critérios definidos para a escolha das 100 Melhores ONGs são relevantes. Existe um conjunto de critérios que valorizamos muito, como a sistematização das práticas de gestão em documentos. Nós pedimos para as organizações enviarem seu código de ética e conduta, porque é importante ter um; enviarem seu planejamento estratégico ou plano de ação para aquele ano; perguntamos se elas fazem acompanhamento de fluxo de caixa e orçamento mês a mês; se têm plano de captação de recursos, plano de comunicação. Muitas vezes, a ONG já faz tudo isso, mas só de parar no mínimo uma vez ao ano para pôr tudo no papel e planejar suas ações é de grande ajuda para a própria ONG. Sabemos que nem sempre o que é planejado terá condições de ser executado. Quem planejou algo em 2019 sabendo que estava vindo uma pandemia global no ano seguinte? Ninguém! No entanto, ter um plano em mãos ajuda inclusive num momento como esse, em que é preciso rever muita coisa.

Então, o planejamento é algo que, em geral, destaca muito as organizações que ficam entre as 100 melhores.

Há outros indicadores que devem ser levados em conta, e por isso precisamos de critérios bem definidos para cada ponto. Dou um exemplo prático. Os indicadores de sustentabilidade acabam sendo muito valorizados em práticas de gestão. Gostamos muito de ver a diversidade de fontes de recursos em uma ONG. Existem organizações que até crescem, mas que são dependentes de uma única fonte de captação que representa 80%, 90% de sua receita. Nós entendemos que esse é um indicador preocupante para a saúde da organização, pois se ela perde aquele financiador, se ele muda de ideia ou se acaba o contrato de doação, a organização fica bastante fragilizada. Qualquer organização precisa de uma grande base de diferentes fontes: empresas, governos, pessoas físicas, eventos, geração de renda própria, porque esse é um sinal de que ela está no caminho da sustentabilidade.

Eu poderia ressaltar também alguns critérios que indicam a legitimidade da ONG na comunidade onde atua. É importante saber se a organização envolve o público-alvo e outros stakeholders no seu planejamento e na gestão, para demonstrar que ela está atenta ao que se passa à sua volta e não fechada em si mesma."

O Prêmio 100 Melhores pode ajudar a evitar escândalos de corrupção envolvendo ONGs?

"Creio que sim, pois é um dos pontos que nós observamos. Estamos inclusive nos estruturando para passar a qualificar de forma ainda mais completa as ONGs, analisando possíveis escândalos, problemas na justiça

e, sem dúvida, um prêmio como esse ajuda a fortalecer a imagem desse setor como tendo organizações sérias. Nós ouvimos falar de escândalos? Sim, mas é de uma minoria. Às vezes, por causa de algumas poucas que realizam más práticas, o setor inteiro fica manchado. E é interessante notar que, quando há denúncias, geralmente não são a respeito de organizações que têm um histórico, que já existem faz tempo, que foram criadas por voluntários ou ativistas apaixonados pela causa. Na grande maioria dos casos, trata-se de uma ONG que já foi criada com a finalidade de fraudar algum tipo de esquema. Tem problemas no setor? Sem dúvida, não estou falando que é tudo perfeito, mas essa mancha que existe em torno da imagem das ONGs, muitas vezes, é exagerada."

Por que precisamos de ONGs?

"Quando se fala em ONGs, pensa-se apenas na atuação direta delas, ou seja, pensa-se na ONG que está alimentando as crianças numa determinada comunidade ou que está oferecendo qualificação para os jovens, mas o setor como um todo tem vários outros tipos de função e de relevância de atuação que é importante reconhecermos. As ONGs desempenham, por exemplo, um papel ímpar de fiscalizar a atuação do governo e das empresas. Quando pensamos no Greenpeace ou em outras ONGs ambientais, temos que reconhecer que elas denunciam corajosamente o desmatamento na Amazônia; outras fiscalizam as políticas públicas do governo, e essa função tem uma dimensão importantíssima, porém não tem muita visibilidade.

A ONG é que precisa mostrar sua eficiência, sua seriedade na destinação do dinheiro doado, cuja maior parte tem que ir para a causa;

e cabe à população prestar atenção no poder multiplicador que as ONGs têm, um poder que, em geral, vai além de sua atuação direta. As organizações da sociedade civil são, muitas vezes, a voz de uma comunidade, trazendo um valor para quem está envolvido com ela. Não há como não perceber ainda que as ONGs ampliam de alguma forma o senso de solidariedade, que só na relação direta entre doador e beneficiário não existiria."

O professor Fernando Nogueira também faz pesquisas sobre o Terceiro Setor e vislumbra os caminhos que as ONGs precisam percorrer para se fortalecerem na sociedade. Ele acredita ser necessário que as organizações sociais reafirmem a importância de sua atuação, especialmente neste momento em que sua proatividade ganhou os holofotes.

"A sociedade como um todo está passando por um momento muito desafiador, e, em alguma medida, houve a valorização da sociedade civil, inclusive por inação do governo. Desde o início da pandemia foi muito relevante a ação das ONGs na atenção primeiro às pessoas. Esta atitude proativa deu um certo gás, vida e notoriedade para as organizações. Mas, sem dúvida, o momento é muito difícil, o dinheiro está curto e várias ONGs sofreram um baque, outras tantas fecharam.

O que eu vejo para o setor no futuro próximo é uma tendência que existe lá fora também. Muitos governos com inspiração autoritária tentam sufocar a ação das ONGs, então, o momento é de reafirmar sua importância. É um desafio enorme, mas essas circunstâncias acabam até energizando um pouco a vontade de atuar das ONGs, que devem ocupar seu lugar legítimo, não só dando visibilidade às suas ações diretas, mas à sua atuação ampla de dar voz aos públicos menos favorecidos e demonstrando todo o seu espectro de trabalho.

Esse é um ponto, mas há outros. Acredito que há uma questão central: a resiliência. Precisamos de ONGs não só eficientes, mas mais resilientes, ou seja, capazes de se adaptar e conseguir estruturas mais sustentáveis a longo prazo. Pensar com esse foco na resiliência tornará as organizações mais preparadas para resistir a novas crises, novas catástrofes como esta, da pandemia. A resiliência, diga-se, é um tema recorrente no mundo todo. Pensa-se em como tornar as comunidades mais resilientes, as cidades mais resilientes, e isso vai ser cada vez mais necessário diante das mudanças climáticas, que causam situações extremas: secas severas, chuvas torrenciais, enchentes... cada vez mais vamos ter que pensar nessa palavra.

As ONGs precisam se tornar mais resilientes, contribuindo também para termos uma sociedade mais resiliente."

Conheça os vencedores do Prêmio 100 Melhores ONGs de 2021 no *link* a seguir:

https://www.premiomelhores.org/conheca-as-melhores-ongs--de-2021/

AS OSC's NA PRÁTICA E SUA GENTE

CAPÍTULO 1:
União de forças e empoderamento

Convidado: Alex dos Santos, mais conhecido como Lemaestro, cofundador da Gerando Falcões, diretor de educação e reitor da Falcons University – a universidade da favela para a favela.

Fundada em 2011 por Edu Lyra, Lemaestro, Mayara Lyra e Amanda Boliarini, a Gerando Falcões é um ecossistema de desenvolvimento social que atua em rede para acelerar o poder de impacto de líderes de favelas de todo país, que possuem um sonho em comum: colocar a pobreza das favelas no museu. Com foco em iniciativas transformadoras, capazes de gerar resultados de longo prazo, entrega serviços de educação, desenvolvimento econômico e cidadania em territórios de favela e executa programas de transformação sistêmica de favelas, como o Favela 3D.[1]

Você, caro leitor, deve estar se perguntando: sim, tudo isso é muito bonito no papel, mas será que dá para realizar essas ações todas? A resposta é sim!

O pessoal da Gerando Falcões já está nessa caminhada há 10 anos e mostrando resultados inestimáveis na direção de construir uma sociedade

---

[1] https://gerandofalcoes.com/

mais justa, deixando de ser uma ONG na favela para se tornar um ecossistema de ONGs no Brasil.

Lemaestro é uma pessoa agraciada por Deus por ter se livrado das drogas a tempo de poder vislumbrar uma vida toda pela frente! Ele nasceu numa comunidade de Poá, município da Grande São Paulo, que faz divisa com o bairro do Itaim Paulista, no extremo da Zona Leste da capital. Vivia cercado de parentes e amigos que consumiam drogas e, aos 16 anos, tornou-se dependente químico também. Em 2011, depois de oito anos no vício, Alex se internou voluntariamente em uma clínica. Lá, começou a escrever músicas com uma bela intenção no coração: ajudar outras pessoas – que estavam na mesma situação – a se livrar das drogas e de uma vida sem sentido. Dessa primeira iniciativa, surgiu um novo projeto em 2013: levar sua música às escolas da periferia, seguindo um estilo musical que logo ganhou o nome de *rap* da educação.

O que te move, Lemaestro?

"O que me move, em primeiro lugar, é um sentimento de gratidão por eu ter conseguido ressignificar a minha vida e a minha história. Depois que eu venci todo o processo de uma vida de violência familiar, depois da depressão, das drogas, eu pude entender a dor que tudo isso me causou. Então, o que me moveu e me move até hoje é fazer o que eu faço como uma forma de agradecer a segunda chance que tive e de tentar impedir que outros vivenciem o mesmo processo que eu vivenciei, além de resgatar quem já está passando por isso. A miséria econômica e emocional traz muito sofrimento e eu quero combater tudo isso."

Amigo de muitos anos de Edu Lyra, que tem uma história parecida, Lemaestro hoje faz parte de um dos mais bem-sucedidos projetos sociais do país, e que se torna mais e mais referência também lá fora. De acordo com a avaliação de impacto feita pelo IDIS, entre 2020 e 2021, a cada R$ 1,00 investido nas iniciativas avaliadas (Oficinas de Esporte e Cultura com crianças e adolescentes e Programa de Qualificação Profissional com jovens e adultos, em São Paulo), R$ 3,50 são gerados na forma de benefício para a sociedade. O estudo mostrou ainda que o investimento da Gerando Falcões "paga-se socialmente" (*payback*) já no 2º ano após o investimento. Hoje, já se pode falar no "jeito Gerando Falcões" de atuar, com foco no desenvolvimento de uma atitude positiva e empoderadora junto a seus beneficiários.

Quando Lemaestro nos concedeu a entrevista para esta obra, ele estava em plena ação na favela Vila Itália, em São José do Rio Preto, interior de São Paulo, que terá seu nome mudado para favela Marte, após concluída a transformação do local segundo as diretrizes do projeto Favela 3D. Andando pelas ruelas estreitas de terra batida, que nos mostrava pela câmera do celular, Lemaestro já vislumbrava o resultado dessa ação. Tudo planejado meticulosamente com os parceiros adequados.

"Esses barracos vão sumir daqui e serão construídas casas no lugar. Estamos acompanhados por urbanistas sociais que vão fazer o trabalho de urbanismo e saneamento básico; teremos cursos de capacitação profissional, capacitação de educadores e de líderes comunitários, oferecendo preparo técnico e socioemocional, para que

os próprios moradores locais ajudem no gerenciamento do processo, participem da tomada de decisões e da implantação de soluções, ou seja, para que eles exerçam a participação cidadã.

Daqui a alguns anos, esse lugar estará totalmente revitalizado, com programas de educação e uma comunidade com autoestima elevada e fortalecida. Projeto semelhante também já foi iniciado no morro da Providência (RJ) e em Maceió (AL). Com um grande cordão de cooperação entre os setores público, privado e terceiro, vamos provar que é possível mandar a pobreza da favela para o museu, no aspecto econômico, físico e humano."

Ao longo da realização deste livro, o trabalho nas comunidades citadas já avançou. Sobre o novo nome escolhido para a comunidade revitalizada que vai surgir em São José do Rio Preto, a relação é simples:

"Eu acredito que se tem alguém pensando e investindo muito dinheiro para colonizar um outro planeta, é superpossível acabar com a pobreza aqui. Não faz sentido a gente não acreditar nisso e não trabalhar por isso. A eficiência das ações está nesse ecossistema, na criação e manutenção de uma rede onde todos trabalham juntos."

Foi com essa ideia fixa na cabeça, de criar ações multidisciplinares com profissionais, voluntários e atores de vários setores da sociedade, que a Gerando Falcões se pautou para atuar de forma constante. No início, intuitivamente, como conta Lemaestro.

"Nunca foi um trabalho simples. Nós começamos – Edu, Amanda, Mayara e eu – trabalhando de maneira informal e intuitiva. Fomos aprendendo no caminho como fazer gestão, como melhorar nossa governança, captar melhor os recursos, como prestar contas direito, como lidar cada vez melhor com a ponta. Com esse aprendizado canalizado da maneira certa, foi possível fazer disso uma metodologia e, quando nos demos conta, inclusive diante da provocação sadia dos investidores, tínhamos desenvolvido um novo formato de trabalho no Terceiro Setor, com uma fórmula que gerava impacto social e sustentabilidade econômica. A partir daí, sentimos a missão de levar essa metodologia para outras favelas.

Nosso intuito não era montar outras Gerando Falcões nas favelas, mas encontrar lideranças e ONGs já inseridas nos territórios para capacitá-las dentro dessa metodologia e inseri-las nessa nossa rede, que começava a dar os primeiros passos. Fizemos várias imersões[2], até que percebemos que precisávamos criar uma escola, uma universidade para líderes sociais. Eu viajei o Brasil inteiro atrás de líderes; durante três anos, morei em alguns lugares da Amazônia, por exemplo, procurando e treinando as pessoas que encontrava, até que no final de 2019 percebemos que, para ganhar escala, seria necessário criar um formato de ensino híbrido[3]. Hoje, temos uma universidade híbrida, provida de uma plataforma com cursos de gestão, inovação, captação de recursos, RH, comunicação

---

2 Cursos de curta duração que têm conteúdo amplo sobre um tema específico.

3 Ensino híbrido: metodologia que combina a aprendizagem presencial e remota, permitindo que o aluno estude sozinho *on-line* ou em sala de aula.

e muito mais. E todos os cursos foram montados a partir da nossa trilha empreendedora de mais de dez anos. Oferecemos aos líderes sociais uma formação inicial de seis meses, gratuitamente. Além disso, as ONGs com melhor desenvolvimento durante o curso entram e permanecem na nossa rede: parte recebendo investimento financeiro para seu projeto e parte compondo a rede de fallows. Ambas continuam em formação continuada por três anos e meio até se tornarem autossustentáveis. A Falcons University também oferece conteúdo relacionado ao autoconhecimento, que é o pilar central dessa formação de líderes sociais. Temos vários professores que são executivos de empresas e mentores para trabalhar com essas competências técnicas e socioemocionais.

O currículo da universidade foi pensado, portanto, para oferecer acesso a conteúdos técnicos e para retirar os "vírus" mentais das populações vulneráveis, as travas emocionais, as crenças limitadoras. Uma vez que a autoestima desse pessoal é resgatada, que todos entendem o poder que têm, a resiliência, a criatividade, a inovação que eles absorveram, como eu absorvi, de forma tão natural na pobreza e no caos, e canalizam as ferramentas para seu trabalho, sua vida, sua causa e seu negócio, eles estouram e são bem-sucedidos!"

Os primeiros parceiros

Agora sabemos que a Gerando Falcões tornou-se uma referência no Terceiro Setor, trabalhando com uma visão ampla para todo o ecossistema social, e que muitos são os parceiros e apoiadores que vão junto com eles. Mas o *start* para essa caminhada de sucesso foi fácil?

"Eu e o Edu nos unimos pelo propósito. Nós crescemos na favela e vivíamos com zero condições. Quando nos reencontramos e iniciamos o projeto, eu tinha recém-saído da clínica de recuperação e o Edu já tinha começado a dar palestras nas escolas. Começamos a vender livros de porta em porta e nas escolas onde dávamos palestras. Esse movimento inicial não tinha nenhum investidor ainda. Mas, desde o princípio da Gerando Falcões, nós sempre nos preocupamos em dar o nosso melhor, em documentar, comunicar, ou seja, em tentar trabalhar com excelência. Depois de um tempo, veio a conexão com nossos primeiros parceiros, que fizeram o investimento semente de seis meses, o que nos possibilitou ampliar naquele momento parte de nosso projeto e dar início a novas conexões.

Isso nos levou a focar no que era importante, fomos descobrindo outras formas de captação de recursos e fizemos nosso primeiro jantar de captação. Foi um desenvolvimento muito orgânico, gerado pelas conexões e por nossa curiosidade. Depois veio outro parceiro forte, justamente quando nós estávamos em um momento financeiramente muito difícil. Entretanto, muito além da parte financeira, nós começamos a aprender com eles todo um sistema de gestão, de metas, de indicadores; aprendemos o que era um KPI (Indicadores-chave de Desempenho), planejamento estratégico etc. Aí começamos a nos conectar com outras empresas. As nossas conexões não eram somente para pedir dinheiro, mas para absorver inteligência. E quanto mais absorvíamos, mais conseguíamos provar que tínhamos capacidade para fazer o que nos propusemos a fazer. E esse movimento gerou confiança não só para o investidor que já estava ao nosso lado, mas para os que iam chegando.

Posso dizer com muita alegria que a Gerando Falcões já passou por 'n' auditorias da KPMG, todas sem ressalvas.

Volto ao ponto de partida: no começo foi muito difícil, não tinha energia elétrica em casa, mas a gente continuava fazendo o trabalho social. Em vista disso, digo que nós fomos realmente movidos pelo propósito e fomos aprendendo e nos aperfeiçoando, prezando pela transparência em cada etapa."

A participação cidadã

A primeira coisa que vem à cabeça quando se fala em participação cidadã é que "quando um não quer, dois não fazem nada", parafraseando o ditado, diga-se. E como a Gerando Falcões conseguiu mexer com as populações de territórios de favela e motivá-las a olhar para um futuro mais promissor? Como conseguiram criar tantos líderes que multiplicam as possibilidades de desenvolvimento para seus vizinhos, ensinando todo mundo a pescar e não somente dando o peixe? Essa fórmula não é uma ciência exata, mas os impactos podem ser medidos.

"Eu acredito que o que faltava, e ainda estamos longe de conseguir em plenitude, é a construção de uma rede que englobe todos. Quando a GF decidiu atuar num movimento de rede, unindo o Terceiro Setor, a iniciativa privada, promovendo a cooperação com os governos, acabou abrindo portas para que realmente possa ser mais tangível acabar com a pobreza e com a desigualdade. Na favela, nós, como ONG, como líderes sociais, fazemos transformações, mas não mudamos tudo. Cada um sozinho no seu canto não consegue fazer grandes e

importantes mudanças. A sociedade também precisa estar envolvida, participar de forma cidadã.

Eu acredito firmemente que todo mundo está buscando a mesma coisa de alguma forma: todo mundo quer viver bem, quer um país menos violento, mais justo, sem corrupção; então creio que só com a união do governo, na iniciativa privada, do Terceiro Setor e dos povos, podemos realmente transformar para melhor a sociedade em que vivemos.

Nós terminamos o primeiro semestre de 2021 com 193 lideranças sociais formadas e já iniciamos a formação de mais 195 líderes sociais, de todos os Estados brasileiros e de centenas de favelas. A previsão é terminar o ano com nossa presença em mil favelas, capacitando líderes e todos os educadores das ONGs. A estratégia, com esse modelo replicado, é proporcionar o desenvolvimento das soft skills para os jovens, a fim de que tenham um plano de vida e de carreira, para podermos fazer o encaminhamento deles para o mercado de trabalho. No final deste ano, teremos mais de 1.200 jovens e 370 educadores capacitados, além dos quase 400 líderes sociais[4]. E a nossa meta é formar também líderes comunitários, o que se iniciou nesta favela Marte, a partir da identificação de famílias mais ativas e associações de moradores que podem gerar líderes importantíssimos no processo de empoderamento da comunidade."

Os números apresentados por Lemaestro mostram o potencial de crescimento que vem da maneira certa de trabalhar no Terceiro Setor.

---

[4] Números de 2021.

Mas não para por aí, pois o cofundador da GF acredita que a próxima década, com a construção de pontes importantes diante da pandemia, será única para fomentar o trabalho em rede e reunir os três setores em prol da mesma causa. Isso porque há uma sensação mais e mais forte de que estamos no mesmo barco e, ao mesmo tempo, uma pressão econômica que puxa as empresas do setor privado a trabalharem segundo os princípios do ESG (sigla em inglês para ambiental, social e governança, usada para medir as práticas ambientais, sociais e de governança de uma empresa). Devido à importância do assunto, a Falcons University criou um curso de ESG, que reúne inovação em empresas e em favelas, com aprendizado prático.

"A pandemia acabou sensibilizando quem não se sensibiliza facilmente, porque afetou todos os públicos, todo mundo sentiu a dor. Acho que na pandemia ficou escancarada ainda mais a falta de profissionais bem qualificados, que contribuem de fato para que as grandes empresas gerem renda como precisam, o que desencadeou em muitos o medo de ter perdas ainda maiores. Além disso, os investidores globais compraram realmente uma briga importante da agenda ESG. Muitos não estão mais investindo em empresas que não têm um programa de responsabilidade social sólido; portanto, existe uma pressão econômica, além da humanitária, para que o mundo corporativo atue com programas de ESG cada vez mais robustos.

Hoje, estamos numa aceleração dos avanços tecnológicos, fomentados muito em razão da pandemia, e tornando o mundo digital presente na vida de todos. A pandemia arrancou as pessoas das ruas e obrigou todo mundo a ir para o virtual. Nós, da Gerando Falcões, estamos implementando muitas ações de forma virtual que nunca pensaríamos em fazer, pois acreditávamos que só presencialmente é que dariam certo. Entendemos que dava para fazer, sim, com a ajuda da tecnologia. Quando o preconceito saiu da frente, vimos com entusiasmo que as ações on-line acabaram acelerando todos os processos. Então essa década é única porque tem uma pressão econômica, social, filosófica, enfim, de várias frentes, para que nós atuemos no combate à desigualdade em conjunto, tendo a sociedade unida por esse propósito."

Terminamos este capítulo com belos trechos de duas canções de Lemaestro, que começou sua caminhada solidária dizendo: **"Quero usar minhas canções para ajudar as pessoas"**.

*"Armado com lápis, borracha e caderno na mão /
Progresso é inevitável lendo livro bom /
Atencioso ao professor não vacila, não /
Vai ter futuro promissor estudando de montão."
(Ostentando Educação)*

*"Não molda o caráter segundo suas mentiras /
Reto, íntegro, vivo é verídico /
Não posso enfraquecer na minha essência, eu digo."
(Revolução Pacífica)*

CAPÍTULO 2:
XÔ, COMODISMO!

Convidado: Willamo Eduardo Almeida Loureiro, coordenador administrativo financeiro da APAE de Barueri e presidente do Conselho Municipal dos Direitos da Criança e do Adolescente de Barueri – CMDCA (gestão 2020-2022). Eduardo Loureiro é formado em Engenharia Civil e Administração de Empresas, pós-graduado em Gestão Pública pelo curso de Gerente de Cidades da FAAP e foi voluntário do Terceiro Setor de 2001 a 2015.

A APAE Barueri (Associação de Pais e Amigos dos Excepcionais) é uma organização sem fins lucrativos, fundada em 1996, no município de Barueri (SP). Atua na prevenção de deficiências, no desenvolvimento e aplicação de tecnologias assistivas, na garantia de direitos e na inclusão social da pessoa com deficiência, crianças e jovens. Integra a grande rede das APAEs, organizações que atuam na melhoria da qualidade de vida da pessoa com deficiência em mais de 2 mil municípios de 24 Estados brasileiros.[1]

Eduardo Loureiro pilota uma área crucial de uma OSC gigantesca, que precisa gerar 5 mil reais de receita todos os dias para fazer cerca de 440 atendimentos (beneficiários de 0 a 30 anos) mensais gratuitos.

---
[1] https://www.apaebarueri.org.br/

Se formos falar dos cursos de aperfeiçoamento de Eduardo Loureiro no Terceiro Setor, escreveríamos muitas páginas. O sucesso dele à frente de uma área tão delicada da APAE pode estar ligado a uma frase impactante de Santo Agostinho: "Não fiques nunca satisfeito com aquilo que és se queres chegar ao que ainda não és. Pois onde te considerastes satisfeito, lá mesmo paraste. Se disseres: 'já basta', aí também morreste. Cresce sempre, avança sempre, progride sempre!" (Sermão 169, 15, 18)

Claramente, o aprendizado contínuo dos gestores e coordenadores das OSCs é capaz de alavancar o impacto gerado pela organização, além da formação e das habilidades pessoais deles. O comodismo, ao contrário, impede o progresso de qualquer empreendimento.

"Eu era empresário, fazia parte do Segundo Setor. E o que visa esse setor? Lucro. Depois da falência, iniciei minha atuação como funcionário público, portanto, fui integrar o Primeiro Setor. E o que deve visar o Primeiro Setor? O bem comum, a satisfação dos munícipes. Minha cabeça não estava preparada para isso, pois eu visava o lucro. Sendo assim, resolvi fazer um curso de Gerente de Cidade (City Manager), que prepara para a gestão pública. A figura do city manager já existia lá fora e foi criada, por exemplo, para que os projetos públicos não sofressem solução de continuidade (uma forma meio empolada de dizer "interrupção, quebra de continuidade", já que a palavra solução também significa interrupção, quebra, hiato). Muitos foram os sucessores de prefeitos, governadores e presidentes que interromperam obras importantes e brincaram com o dinheiro público; como dizia Margaret Thatcher: 'Dinheiro público tem dono'. Bom, mas eu decidi fazer essa

pós-graduação e não tinha dinheiro para pagar o curso. Aí, arregacei as mangas e conversei com o prefeito da minha cidade, prefeito que politicamente é o gerente de cidade, para colocar a importância de se ter um assessor com especialização em gerência de cidade na parte técnica. Nessa reunião, ficou acertado que, se eu conseguisse montar uma turma na cidade, poderia fazer o curso. Isso foi em 2008 e o curso continua até hoje. Lembro que políticos de cidades vizinhas vinham fazer a pós-graduação da FAAP na turma que montei em Santana de Parnaíba, no sistema 'in company'. Temos que entender que está tudo evoluindo, e não podemos ficar estacionados."

Essa atitude proativa é, sem dúvida, uma bola de neve muito bem-vinda, que gera benefícios sempre atualizados e que veremos a seguir, nessa história.

Quando assumiu a coordenação da APAE de Barueri há cinco anos, Loureiro quase caiu da cadeira ao ver a conta de água: 6 mil reais. Gasto acima do necessário, pois o prédio tem um problema patológico de construção: sofreu recalque e, no recalque, a tubulação estoura e gera vazamento. Como engenheiro, o fato acendeu uma luzinha que levaria à resolução definitiva do problema que se arrastava há décadas. No terceiro mês de sua gestão à frente da coordenadoria administrativo financeira, a conta de água gerou um espanto ainda maior: 15 mil reais!

"Diante de tamanho susto, fui à Sabesp e disse: 'Não tenho como pagar, isso foi um vazamento e precisamos negociar'. Eles falaram: 'Vamos dar 7.500 reais de desconto'. Eu falei: Ótimo, agradeço, mas não

tenho esse dinheiro tampouco'. Eles deram um passo adiante e disseram: 'Então nós vamos parcelar em dez vezes'. Aí, eu disse: 'Muito obrigado, agora vamos conseguir pagar!' Renegociei e tomei algumas medidas internas no sentido de deixar o relógio de água da rua fechado a maior parte do tempo. Isso é possível porque temos um reservatório elevado de 30 mil litros. Eu abasteço com 12 mil m³ de água por semana, com a colaboração da prefeitura e de parceiros, e só preciso abrir o relógio da Sabesp por duas horas diárias. O consumo é medido e gira em torno de 4 m³, água utilizada pela equipe de limpeza. Coloco na planilha os 4 m³ gastos nessas duas horas e o relógio volta a ser fechado. Hoje mesmo recebi a conta de água. Sabe quanto? 36 reais (julho 2021)."*

Imagine quanto dinheiro pôde ser destinado ao atendimento dos usuários! Mas como resolver o problema crônico do vazamento? A história que se segue seria trágica se não fosse cômica.

"Chamei muitas empresas especializadas, e o orçamento mais baixo era de 12 mil reais. Estávamos já no sistema híbrido de atendimento por causa da pandemia, e só tínhamos 20 pessoas na APAE presencialmente. Então, tomei uma atitude drástica: falei para todos darem descarga usando só o balde. Durante cinco meses foi assim e eu contei com a colaboração incondicional de todos.

Durante esse período, fiz tratativas com uma empresa de caça-vazamento e disse que estávamos passando por um momento difícil com a pandemia, não sendo possível pagar o valor pedido pelo serviço. Então, com boa vontade, me passaram para o dono da empresa. Pois bem, ele veio ao telefone e disse: 'Vamos aí amanhã e vamos recuperar tudo a custo zero'. O único pedido dele foi que autorizássemos a gravação de um vídeo durante o trabalho do caça vazamentos. Foi um serviço muito competente e rápido. Dessa forma, consertamos o vazamento histórico que havia na APAE. Você encontra uma alma boa e forma-se uma rede de solidariedade, pois eu, com certeza, retribuo dando boas referências da empresa que nos ajudou."

Já que conseguiu resolver um problema de anos, que tirava o sono dos gestores, e com sua bagagem de engenheiro civil, Loureiro segue agora uma rotina sem precedentes quando chega ao trabalho.

"Chego na APAE às 5h15 da manhã e vou direto para a caixa d'água; abro a água de reuso e o registro de água potável. Seguindo o princípio de vasos comunicantes, coloco o ouvido na tubulação e, se ouvir barulho de água circulando na tubulação, é porque tem um vazamento, pois estava tudo fechado durante a noite."

Comitê de emergência para enfrentar a pandemia

Prestes a completar 70 anos, Loureiro não deixou de ir à APAE um dia sequer desde o início da pandemia. Sua área é considerada essencial para a parceria com a Prefeitura de Barueri, através da Secretaria de Assistência e Desenvolvimento Social.

"Já em 17 de março de 2020 mandamos um ofício para a prefeitura informando que íamos parar o atendimento exclusivamente

presencial e começaríamos a trabalhar em sistema híbrido, ou seja, agendando atendimentos presenciais só quando fosse estritamente necessário, e realizando teleatendimentos nos outros casos. Imediatamente, passamos a trabalhar em sistema de telemedicina. Desta forma, não foi reduzido o número de usuários atendidos."

As medidas sanitárias foram adotadas integralmente, mas isso quer dizer que os custos aumentaram, justamente em um período de redução de captação de recursos.

"Seguimos um protocolo rígido, para continuar funcionando. Compramos um rodo de higienização à base de raios ultravioletas desenvolvido por cientistas da USP; implantamos um relógio de ponto com reconhecimento facial; compramos dispersor de álcool em gel a pedal e implantamos os EPIs completos: máscaras PFF2, que, diga-se, quintuplicaram de preço rapidamente, gorro, avental descartável, propés, luvas, face shields e termômetros para medição de temperatura de todos que entravam na unidade. Nós também escalonamos os horários para evitar aglomerações. Todas as decisões e ações foram implementadas de forma rápida, pois criamos um comitê de emergência, constituído pelos três coordenadores (administrativo, técnico e da área de assistência social), gerenciados por nossa médica pediatra. Elaboramos um protocolo com base no que a OMS (Organização Mundial da Saúde) e a Vigilância Sanitária recomendavam e cartilhas para colaboradores, usuários e suas famílias.

O problema é que trabalhamos com um orçamento totalmente defasado, que foi elaborado em agosto de 2019. Eu tenho que mandar orçamento no ano anterior para a prefeitura assinar um termo de fomento, pois não existe mais convênio. A Secretaria de Assistência e Desenvolvimento Social monta o orçamento geral da pasta, que é enviado ao executivo e passa por aprovação pela Câmara Municipal. Por causa dos efeitos da pandemia também nas contas da prefeitura, fui chamado em dezembro de 2020 e informado que não teríamos acréscimo nenhum nos valores para 2021. Eu olhei para o céu e dei graças a Deus por ter sido, pelo menos, mantido o valor sem corte de recursos. A sorte também é que algumas coisas recebemos como doação, como uma quantidade de álcool em gel de uma empresa parceira."

Além das doações, algumas ações cirúrgicas na área financeira deram um pouco de fôlego à organização, como a abertura de uma rubrica no orçamento para lançar os gastos sucessivos com EPIs, ajustando um valor limite com a prefeitura.

E 90% do orçamento da APAE de Barueri vai para a folha de pagamento. São quase 90 colaboradores: terapeutas ocupacionais, assistentes sociais, psicólogos, além de cuidador, arte-educador e musicoterapeuta. Nos dois dissídios desde o início da pandemia, já houve aumentos de 3,98% e de 6,22%.

"O jeito foi negociar com os sindicatos. Baixamos o último reajuste para 4% e aumentamos a cesta de benefícios sobre a qual não incidem encargos sociais. Torna-se necessário fazer muita conta para

economizar, porque o orçamento derrete facilmente diante dos nossos olhos neste período de crise sanitária e financeira."

Durante a pandemia, a perda de receita vinda das doações feitas através do telemarketing foi de 50%, ou seja, a organização perdeu metade de seus recursos próprios. Diante disso, a busca por fontes alternativas de captação de recursos se fez mais urgente do que nunca.

"Antes, tínhamos os eventos presenciais, jantares beneficentes, a festa do pastel, festa junina, fazíamos rifas com produtos doados etc. Quando veio a pandemia, não ganhamos mais produtos para rifar e nem preciso falar do resto: tudo que se referisse a uma confraternização com aglomeração de pessoas ficou proibido e, consequentemente, as fontes de recursos próprios minguaram.

Nós temos uma base de pessoas que fazem doações mensais, só que são doações de pequenas quantias. Que bom que surgiu um facilitador de doações em dinheiro, o PIX, que evita deslocamento dos nossos mensageiros. Mas o fato é que eu tinha um planejamento estratégico para arrecadar 800 mil reais por ano pelo telemarketing e fechei 2020 com 420 mil reais. Claro, é simples de entender: as famílias sofreram redução de seu orçamento, um membro pode ter perdido o emprego, pode ter aumentado o gasto com remédio... então, é uma bola de neve, um fato leva a outro."

E falando em "um fato leva a outro", com 90 funcionários celetistas, a APAE precisou contratar serviços particulares para fazer os testes de Covid-19 sempre que um deles tinha os sintomas da doença, pois a demora para sair o resultado na rede pública de saúde atrasava a volta do colaborador ao trabalho. Veja quantas medidas extraordinárias foram necessárias para a adequação ao período de pandemia! E não para por aí.

A rede de internet se tornou mais importante nesses tempos em vários ou em todos os setores. Loureiro reconheceu o valor da ferramenta para possibilitar os atendimentos a distância. Nesse item, entramos mais uma vez na seara dos custos para turbinar esses serviços e viabilizar as videochamadas, e, mais uma vez, a criatividade precisou entrar em campo.

"A tecnologia ajudou demais, mas me trouxe um outro ônus. Eu tinha uma limitação de capacidade instalada de internet. Com quatro megas, a conexão para os teleatendimentos caía toda hora. Tivemos que multiplicar nossas redes sociais e readequar os equipamentos. A saída? Renegociar com a operadora de telefonia. Havia na APAE 60 linhas telefônicas, ficamos só com 30. Com o desconto que eles nos deram, multiplicamos por seis nossa capacidade de internet, sem aumentar o valor da conta. Jogo de cintura tem que ter sempre. Nesses mesmos moldes, renegociei vários contratos. Camaradagem, conversa, solidariedade. Todos esses ingredientes juntos deram bons resultados, pois todos precisamos aparar arestas para seguir em frente."

Muitas vezes, a resposta para os problemas de uma OSC depende de mais investimento, que há quem chame de gastos. No caso da APAE de Barueri, o investimento foi necessário para contratação de uma empresa especializada em captação de recursos, via incentivos fiscais.

"Conseguimos fazer uma limonada daquele limão que estava azedo demais. Não dá para tocar com excelência o serviço só com voluntariado e eu poderia fazer essa parte também, mas o que fazer com o restante da gestão? Por isso, foi necessário contratar uma empresa. A assessoria que contratamos, depois de um tempo de convencimento, aceitou retornar 1% dos 10% que receberia como parte do pagamento para a APAE. Eu só trabalho assim, com parceiros, pois tem que ser uma via de mão dupla.

Assim, conseguimos uma captação através do incentivo fiscal, ou seja, com parte do dinheiro que a empresa ou o banco pagaria de impostos para o governo, por meio do FUMCAD (Fundo Municipal da Criança e do Adolescente). E olha a corrente do bem: o FUMCAD está ligado ao CMDCA (Conselho Municipal dos Direitos da Criança e do Adolescente), e 20% do dinheiro que vem para a APAE fica no CMDCA, para que o órgão banque projetos de outras entidades que não têm um corpo de gestão tão atuante como o da APAE. Mas é preciso ter um bom projeto para diversificar a sua fonte de recursos."

O pulo do gato

Loureiro considera a transparência nas contas e na medição do impacto social da entidade a menina dos olhos de qualquer OSC, e acredita que o pulo do gato seja a contratação de equipes e profissionais especializados.

"É preciso fazer de forma clara e regular a prestação de contas contábil para que a prefeitura, os apoiadores e parceiros vejam para onde está indo o dinheiro arrecadado; mas, especialmente, apresentar a prestação

de contas social, do impacto social da organização, os resultados práticos da prestação de serviços. A métrica é de suma importância. A tudo isso, eu associo o segredo de acreditar na eficácia de um bom planejamento. É preciso planejar visando o sucesso em condições de permanente mudança de cenários, porque isso implica em benefícios e em aprendizado contínuo para a organização. Só com planejamento estratégico os gestores conseguem tomar decisões rápidas."

Agora, Loureiro criou o departamento de mobilização de recursos, para concentrar recursos de naturezas e fontes diversificadas, focando especialmente nos advindos da Nota Fiscal Paulista.

O que te move, Loureiro?

"Para nós, aqui na APAE, a solidariedade é o que nos move, é a energia gasta diariamente em nossa atividade. Ajudar a quem tanto necessita é o mínimo que podemos fazer para mudar para melhor o local onde vivemos e, quem sabe, o mundo. Nós estamos nesse mundo aprendendo diariamente. Eu tenho a humildade de reconhecer isso. Vou fazer agora 70 anos de idade, estudando, porque eu amo o que eu faço."

Histórias de doação – o que motiva a solidariedade?

Nestes dois próximos capítulos, trazemos as histórias de doação de duas pessoas inspiradoras e que, ao longo da vida, desenvolveram um olhar singular para o próximo: em um primeiro momento como pessoas físicas e, depois, à frente de entidades que ampliaram a magnitude de suas ações em prol de uma sociedade mais justa e solidária.

Vamos conhecer agora as histórias apaixonantes de Cecília Meyer, presidente-executiva do Instituto MPD, e Eduardo de Godoy, fundador e diretor-executivo da ONG Pernas de Aluguel.

CAPÍTULO 3:
Coração nobre

Convidada: Cecília Meyer, que atuou como educadora por 30 anos movida pela transformação que a educação promove nas vidas das pessoas. Ela iniciou sua carreira como auxiliar de classe aos 16 anos, é graduada em Letras e Ciências Humanas, com especialização na língua inglesa, atuando como professora e, posteriormente, como coordenadora da área de Inglês. Desde 2020, Cecília é presidente-executiva do Instituto MPD, criado pela MPD Engenharia e que tem como pilares a educação, a construção e a sustentabilidade social, econômica e ambiental.

Cecília vem de uma família católica e aprendeu desde pequena a importância da filantropia. Seus pais sempre lhe deram o exemplo da doação ao próximo, ora com ações assistencialistas, como foi necessário neste momento de pandemia, ora com outras atitudes de ajuda e acolhimento aos mais vulneráveis.

"Incentivada pelos meus pais, no Natal e nos aniversários, em vez de presentes, eu pedia que os convidados trouxessem brinquedos, roupas ou alimentos para que eu pudesse doar. Fui crescendo com isso no coração e percebendo a religião como um sustento para mim. Tempos

depois, passei por alguns momentos de bastante vulnerabilidade emocional e as circunstâncias daquela tribulação me fizeram enxergar o quanto precisamos nos doar para as pessoas, pois nosso olhar atento e nosso acolhimento podem fazer toda a diferença.

Quando me senti vulnerável, tudo o que eu precisava era de acolhimento, e eu o tive. A partir daí, senti que era importante devolver toda essa benignidade que eu recebi para a vida, para o próximo, como gratidão, até mesmo por ter passado por esse momento e encontrando pessoas que me acolheram, que estiveram ali comigo me escutando e aconselhando, de certa forma.

Quando eu me fortaleci e desenvolvi esse sentimento de que podia dar acolhimento ao outro, encontrei o CVV – Centro de Valorização da Vida. Isso foi maravilhoso, porque veio ao encontro do que eu queria, que era fazer mais do que eu fazia como prática constante, mais do que realizar doações pontuais.

Eu só não sabia como começar, e pedi muito em meu coração para que surgisse em minha vida algo que me levasse a dar vazão a esse anseio, além disso, algo que me encantasse para fazer esse serviço ao próximo, pois tudo o que fazemos para o outro tem que fazer sentido para nós também, senão, corremos o risco de fazer por fazer, sem amor, e isso não leva a nada."

Nada é por acaso

Cecília estava no carro ouvindo rádio quando começou uma entrevista com representantes do CVV. Durante o programa, foram passados os contatos da associação, que realiza apoio emocional e prevenção do suicídio de forma gratuita e voluntária. E depois de uma simples entrevista, ouvida atentamente e na hora certa, Cecília começa uma nova etapa em sua vida. Ela foi conhecer o CVV e tomou a decisão de fazer o curso de capacitação de voluntários para desenvolver um trabalho na associação. Aqui é bom que se diga que ser voluntário no atendimento telefônico do CVV é um trabalho de extrema responsabilidade. Os coordenadores do Centro são criteriosos para escolher quem vai conversar com pessoas em crise do outro lado da linha. Portanto, a capacitação consistente é condição *sine qua non* para se tornar um voluntário lá. Os candidatos precisam ter pelo menos quatro horas por semana disponíveis para atuar no plantão do Programa de Apoio Emocional do CVV, área onde Cecília começou a atuar.

"Foram cerca de quatro meses fazendo a preparação para me tornar uma voluntária no CVV. E era um sacrifício, porque o curso acontecia aos sábados e, em alguns sábados, o dia inteiro. Mas a família não colocou nenhum empecilho para que essa minha decisão se concretizasse; pelo contrário, tudo o que eu, meu esposo e nossas filhas já carregávamos dentro de nós sobre fazermos a nossa parte para um mundo melhor aflorou naquele momento. Claro que o curso demandava meu tempo e eu tinha que ficar ausente exatamente no fim de semana, mas minha família compreendeu e abraçou a causa junto comigo. Foi sensacional! Fiz o trabalho voluntário no CVV durante dois anos com muita seriedade, estando totalmente disponível para os atendimentos nos dias e horários combinados. Durante esse período, desenvolvi muito a habilidade da escuta e entendi a importância de

escutar o que o outro tem para dizer, sem julgamentos nem preconceitos. Durante a capacitação como voluntária, aprendi que, mesmo que tenhamos passado por situações semelhantes às de quem está do outro lado da linha, não podemos entender que temos o direito de falar: 'Ah, já passei por isso e tirei de letra. Você vai tirar também'. A história de cada um é única! A pessoa quer ser ouvida, e ouvida com atenção; não quer simplesmente que você fale a primeira coisa que vem à cabeça para desligar logo o telefone.

Escutar, e não falar precipitadamente. Como isso é notável e necessário, especialmente numa função tão delicada!"

A escuta: um aprendizado para a vida

"O aprendizado no desenvolvimento da escuta foi muito importante também para o relacionamento com toda a minha família, como esposa, como mãe, filha e como membro da sociedade. Você acaba se tornando um multiplicador dessa postura de escutar o outro com atenção e só depois falar para tentar ajudar. É muito gratificante conseguir compartilhar com os outros um aprendizado que pode fazer bem a eles também, muitas vezes, apenas com nosso exemplo."

Cecília, o Instituto MPD e a pandemia

Quando deixou de fazer parte do quadro de voluntários do CVV, Cecília levou consigo talvez o maior legado que aquele trabalho poderia lhe proporcionar e uma bagagem para alçar novos voos no Terceiro Setor, desta vez, como protagonista.

O Instituto MPD Engenharia foi criado formalmente em dezembro de 2019 e os trabalhos foram iniciados em janeiro de 2020, quando a pandemia de coronavírus já assolava boa parte do mundo e desenhava seus passos para chegar com tudo ao Brasil em março daquele ano. Desafio duplo para Cecília e toda a equipe do Instituto. Mas, como se diz dentro da construtora – e confirma Cecília, que é esposa do sócio e novo presidente-executivo da MPD, Milton Meyer –, a empresa já nasceu com o DNA do compromisso social. Assim, as primeiras ações não demoraram muito a começar, num momento em que todas as dificuldades pareciam elevadas ao quadrado, ou seria mais acertado dizer: ao cubo?

"Nossa família e a família de Mauro Dottori, fundador da MPD Engenharia, sempre tiveram muita afinidade; nos conhecemos há mais de 30 anos e temos os mesmos valores em relação à família e à sociedade; posso dizer que sempre fomos muito parceiros também. Todo esse histórico de relacionamento foi importante para que eu me tornasse a presidente-executiva do Instituto.

A MPD já fazia doações para algumas instituições e, ao longo dos anos, o assunto da agenda social ganhou corpo, sendo natural a percepção geral entre as famílias de que as ações solidárias poderiam ser ampliadas e estruturadas por meio de um instituto. A ideia central sempre foi realizar ações mais robustas, não apenas assistencialistas, mas, sim, que pudessem mudar para melhor a vida das pessoas e sedimentar o caminho delas para que conseguissem andar com as próprias pernas. Só que, com uma pandemia em curso, foi preciso dar um passo atrás, tal a necessidade urgente de materiais básicos para as populações em situação de vulnerabilidade.

O processo de abertura do instituto foi muito bem pensado dentro da empresa. Não se trata apenas de um processo jurídico, mas de buscarmos sintonia total entre as famílias, fazermos pesquisas abrangentes e de colhermos os conselhos valiosos de quem já possuía um instituto empresarial. Tudo isso deu consistência ao projeto, que virou realidade de forma bem sólida.

A missão, a visão e os valores do Instituto MPD estão pautados na busca pela transformação de vidas e da sociedade, sempre com foco no acolhimento, na empatia, na escuta e na humildade de entendermos que há um aprendizado constante nesse caminho, já que lidamos com a complexidade de vidas humanas.

Mas como fazer tudo isso durante uma pandemia? Comecei a pesquisar e vi que era possível fazer o voluntariado online, portanto, precisamos nos reinventar antes mesmo de começar a atuar. Em março de 2020, nós já fizemos as primeiras ações. Muitas organizações sociais nos contataram porque precisavam do básico: alimentação, produtos de higiene, de limpeza. Fomos para as ruas quando necessário e desenvolvemos outras ações de modo remoto. Procuramos ainda não paralisar as ações que já estavam implementadas na empresa antes da criação do instituto e, ainda, pensar em outras. Contamos com o time de voluntários 100% nos oferecendo um grande suporte.

Sim, o Instituto MPD começou a atuar diante de uma pandemia, mas, afinal de contas, este início veio num momento em que as pessoas ficaram mais generosas, bondosas, empáticas. Eu digo sempre que

Deus, em sua sabedoria infinita, tira de um lado e põe do outro. Tudo estava difícil e ainda está, mas o fato é que as pessoas ficaram mais propensas a ajudar os que necessitavam."

Quando a atividade no Terceiro Setor cruzou a vida de Cecília, sua experiência como educadora foi e continua sendo de grande valia.

"Em minha vida de educadora, sempre lidei com as famílias. Obviamente, em instituições de ensino há problemas dos mais variados, inclusive emocionais. Trabalhei durante a fase inicial da inclusão social nas escolas e vi muitas situações impactantes, que me emocionavam como mãe, e eu estudei esse viés da educação a fim de me preparar para atuar com profissionalismo e consciência.

Diante de todas as situações vividas na escola, acho que fui criando uma 'casca'. Isso não quer dizer insensibilidade, mas uma força para seguir em frente sem me paralisar, encontrando saídas."

O voluntariado empresarial como agente transformador da sociedade

O voluntariado empresarial dá o tom nas ações do Instituto MPD. Hoje, 68 colaboradores da construtora e incorporadora são voluntários no instituto e estão divididos em cinco comitês, para tocar os projetos que já existiam na empresa e foram assumidos pelo Instituto, e os demais projetos que surgem.

"Aqui na MPD, sempre vimos colaboradores muito engajados nas questões sociais e dispostos a ajudar. Quando fazíamos o Natal

Solidário, as ações do Dia das Crianças e o movimento de doação de sangue, todos colaboravam. Além disso, fazemos comunicados e lives com os colaboradores para manter atualizado o propósito do Instituto e incentivar mais pessoas a fazerem parte do quadro de voluntários. Com a base das ações sociais já solidificadas na empresa, o que fizemos foi estruturar e tornar essas ações mais potentes, preparando o caminho para nossos novos projetos. Para isso, contei com a ajuda de alguns colaboradores da MPD que vieram se juntar à nossa equipe.

Dois projetos bastante eficazes de compromisso social que já existiam e nós assumimos foram o Construindo Letras, que promove Alfabetização/Fundamental I e o Fundamental II, e o de Inclusão Digital, ambos para os trabalhadores dos canteiros de obras. São ações que dão a oportunidade às pessoas de se engajarem na sociedade pela educação. Temos também o comitê de Doações de Sangue. São duas ou três doações por ano, em parceria com a Fundação Pró-Sangue, o maior hemocentro do país, ação aberta aos familiares e parentes dos colaboradores da MPD, bem como à própria sociedade."

O Instituto MPD também faz ações em quatro datas comemorativas: Natal, Dia Nacional do Livro Infantil, Dia das Crianças e Dia do Meio Ambiente – datas que estão abertas à revisitação –, além de projetos pontuais.

"O Instituto fez uma ação muito bem-sucedida, que levou o nome de Adote um Idoso. E por quê? Porque, na pandemia, os idosos estavam mais isolados ainda e muitos deles nem têm a família presente.

Dez voluntários participaram da ação. Cada um escolheu um dia da semana e horário fixos para conversar, via chamada de vídeo, com uma das idosas, já que o lar escolhido por nossa consultoria só abriga mulheres. As conversas semanais giravam em torno de momentos passados, das diversas experiências vividas por essas mulheres e tudo o que surgisse no bate-papo.

Antes de iniciarmos a ação, reforcei com os voluntários a importância da escuta atenta, que faria muito bem àquelas pessoas. E foi maravilhoso ver que eles se desdobraram para conseguir passar amor e atenção mesmo que à distância. Ao final da ação, oferecemos um chá e fizemos uma videoconferência para encerrarmos a ação com alegria e acolhimento, de forma virtual, sim, porém, calorosa.

Queremos realizar também ações com crianças órfãs e estamos montando um projeto para fazer mentorias com os jovens."

João de Barro e a oportunidade de construir sonhos

Pode um nome mais sugestivo do que João de Barro, o construtor da natureza, para uma parceria de ação social feita pelo instituto de uma construtora?

Talvez até por isso, quando fala dessa ação do Instituto em parceria com a ONG Rainha da Paz, que criou o projeto, os olhos de Cecília brilham intensamente. Além de aprovar com o conselho deliberativo a reforma e adaptação de duas casas de assistidos da entidade – que cuida de mais de 400 pessoas com deficiências múltiplas –, Cecília acompanhou de perto a arrumação e decoração das residências, também fruto de um dos projetos da entidade chamado Colmeia de Maria.

"O João de Barro caiu como uma luva em nosso desejo de construir ou reformar casas para quem precisava. Firmamos parceria com a OSC e já adaptamos a moradia de duas assistidas. A reforma foi feita para dar maior acessibilidade às casas da Giovana e da Steffani, e nossa equipe se empenha com muito profissionalismo e amor para realizar esse trabalho especial. A arquiteta voluntária definiu os projetos em conversas constantes com as mães das meninas. Certamente, gostaríamos de atender todas as famílias da organização, a vontade é enorme de fazer sempre mais, no entanto, é preciso estabelecer limites sustentáveis para nossa ação. As obras foram feitas pelo voluntariado empresarial e pelos voluntários da mão de obra civil, que seguiam uma escala diferenciada para conseguir doar seu tempo a essa ação.

Aprendemos muito fazendo essas reformas, pois vimos a atuação da assistente social nesse processo todo e tivemos sempre o suporte do pessoal da organização.

Depois das reformas, mobilizamos os funcionários da MPD para mobiliar a casa das meninas. E não parou por aí. No dia em que fomos fazer a limpeza do local, conversamos com as mães e escutamos muito o que tinham a dizer. Aqui, de novo a escuta nesse caminho de doação. Nossa previsão é fazer duas reformas anualmente no João de Barro."

A escolha das ONGs parceiras

Como o Instituto escolhe as ONGs para fazer parcerias? Pelo conhecimento anterior das entidades que a MPD já ajudava nas regiões onde nasceu e onde atua, e por meio da contratação de uma consultoria especializada, que indica organizações de acordo com os pilares do Instituto.

Existe sempre o cuidado de analisar os valores, as práticas e a transparência nas contas de cada organização e, na medida do possível, Cecília e sua equipe vão conhecê-las pessoalmente.

"Nós achamos ótimo ter uma consultoria especializada como parceira. Nossa consultoria fez a formação e o treinamento dos voluntários e agora nos indica organizações com as quais podemos desenvolver ações a partir dos projetos que definimos.

Há também algumas ONGs de extrema confiabilidade que já conhecíamos de longa data e ajudávamos, como a Associação Santa Teresinha. Os elos com as organizações sociais vão crescendo e nos impulsionando a criar ações em conjunto. Penso que, se somos parceiros, juntos vamos conseguir enfrentar as adversidades da pandemia e da vulnerabilidade com mais força. Isso é muito recompensador.

Os nossos voluntários também nos indicam organizações que conhecem ou onde já realizaram algum trabalho.

Estamos tentando agora tirar um pouco o foco do aporte financeiro para colocar nosso capital humano na linha de frente, ajudando organizações em suas ações de captação de recursos; assim, ressaltamos a riqueza da doação do voluntariado e do acolhimento que ele proporciona."

Capacitar é preciso

"Não abrimos mão da capacitação, pois aprendi a centralidade dessa ferramenta no CVV. O voluntário não pode se achar preparado porque acredita ser uma pessoa generosa e solidária. Não basta ter boa vontade, é preciso passar por um processo de capacitação. Nesse

processo, ele vai perceber se aquele compromisso que assumiu faz sentido para ele. O voluntário precisa ter aquela inquietação sincera de querer transformar vidas.

Procuramos fazer rodas de sensibilização regularmente para que mais colaboradores adiram ao voluntariado empresarial. Aceitar o convite é um passo importante, mas é apenas o primeiro passo; durante a capacitação e a caminhada nessa área, a pessoa compreende que não há desculpas para falhar em seu compromisso. Sabemos que o voluntário não 'tem' que fazer, ele 'pode' fazer, e a decisão deve ser madura para termos um voluntariado resiliente."

O que você ganha com sua doação, Cecília?

"Depois que eu vim para o Instituto, tenho certeza de que minha vida mudou muito. O poder da escuta é bastante claro em minha vida. É certo que, quando há uma situação que acreditamos poder melhorar, gostamos de dar conselhos, mas até com os filhos, salvo se for uma coisa muito grave, uma hora vamos ter que deixá-los andar com as próprias pernas e confiarmos nos valores que passamos para eles. Você consegue essa postura se colocando no lugar do outro.

Quero estar nesse mundo para evoluir. Assisti a um filme em que um dos personagens falava da morte e tirei minhas próprias conclusões: ele dizia que a gente nasce e vem para esta viagem de mala vazia, e que cabe a nós enchermos essa mala. Para sobreviver, colocamos coisas materiais, claro, como roupa, comida, mas temos que encher essa mala também com um olhar para o outro, com generosidade, acolhimento, tentando perceber as necessidades de quem está a nossa *volta. Podemos ajudar financeiramente também, não há dúvida; mas acima de tudo eu gostaria de ser multiplicadora de todas as situações boas que eu tenho aprendido, de todos os sentimentos e emoções que me levem a fazer tudo o que eu puder para levantar uma pessoa, com palavras e atitudes de amor. Obviamente, tudo dentro das nossas limitações, somos seres humanos: acertamos, erramos, mas o importante é tentar transmitir ao próximo um sentimento bom de que somos capazes de transformar a vida um do outro.*

Gosto de uma frase que vi num livro de Madre Teresa de Calcutá em que ela dizia: 'Possa um pequeno gesto fazer bem a uma única pessoa que teremos nosso objetivo alcançado'. Certamente, eu gostaria de atingir inúmeras pessoas, mas se eu conseguir ser um agente transformador da vida de uma, pelo menos, vai ser importante para mim. Se uma única pessoa for atingida por uma boa ação, ela vai se tornar uma multiplicadora do bem que recebeu. Estou convencida de que cada um de nós sempre pode fazer algo de bom para o outro."

Nós acreditamos também!

E a conversa com a Cecília termina assim. Apontando para o coração, ela declara:

"Os sentimentos e transformações que as pessoas que auxiliamos deixam aqui dentro são simplesmente sublimes."

CAPÍTULO 4:
UM PAPAI NOEL AUTÊNTICO QUE NÃO GOSTAVA DO NATAL

Convidado: Eduardo de Godoy, fundador e diretor-executivo da ONG Pernas de Aluguel, que promove inclusão social por meio de atletas voluntários que levam pessoas com deficiência para participar de corridas de rua. Eduardo é engenheiro eletrônico, sendo um dos pioneiros no desenvolvimento da TV a cabo no Brasil.

Um coração feito para amar, com um amor que fomenta a criatividade e a alegria em meio às dificuldades e limitações da vida. Assim definimos Eduardo de Godoy nesta obra.

Esta é a história de doação de um papai noel de verdade que não gostava de Natal, apesar de sempre ter amado os bons velhinhos que se espalham pelos quatro cantos do mundo nessa época encantada do ano. Depois de se tornar papai noel voluntário nas festas familiares dos amigos, Eduardo foi levado a conhecer uma ONG que cuida de crianças e jovens com deficiência e, como nada é por acaso, em outro momento da vida, conheceu a história do americano Dick Hoyt, que nos anos 1970 empurrava o filho tetraplégico num triciclo para disputar maratonas. Deu *match*! Foi assim que ele começou a pensar em um jeito de levar pessoas com necessidades especiais para fazer corridas de rua, criando o Projeto Pernas de Aluguel, que virou ONG em 2019 e que esbanja solidariedade e superação.

"Minha infância sempre foi muito boa junto com meus pais e irmãos, não posso reclamar. Nunca me faltou nada nem tenho histórias tristes para contar. Em minha vida adulta, tinha o hábito de ajudar organizações sociais, mas a ajuda se limitava a assinar um cheque; assim, eu já me dava por satisfeito. E não sei por que sempre tive vontade de ser papai noel. Isso é estranho, já que não sou religioso e que, quando cresci e já não havia mais crianças na família, o Natal para mim era só um dia para comer bastante e ir dormir estufado. Afinal, troca de presentes entre adultos não tem o mesmo efeito do que quando se é criança.

A história começou a mudar lá pelo início dos anos 2000, no dia em que um colega de trabalho e amigo de longa data, o Eduardo Padilha, me convidou para ser papai noel no lugar dele, porque um dos seus sobrinhos já estava desconfiado da identidade do tio por detrás da barba branca e da roupa vermelha. Ele disse que se o sobrinho o visse ao lado do papai noel, iria despistá-lo. Pois bem, com muito medo, mas medo mesmo, eu topei!"

E chegou aquele Natal! A sequência de fatos naquela noite marcaria a vida de Eduardo para sempre.

"A cunhada do Padilha foi quem me maquiou e me montou como papai noel. Eu estava meio aflito porque tinha medo de que

me puxassem a barba durante a entrega de presentes, enfim, estava morrendo de medo de ser o papai noel. Todos olhavam para mim: não para o Eduardo, mas para 'ele', ou seja, uma sensação completamente diferente na minha vida, já que eu estava acostumado a ver o papai noel, nunca a ser um numa festa cheia de crianças. Em um dado momento, os pais do sobrinho do Padilha, que tinha uns seis anos na época, vieram até mim e disseram: 'Fala para o nosso filho olhar bem nos olhos do papai noel e prometer que vai largar a chupeta'. E eu, todo instruído, fiz o que eles me pediram: eu disse 'senta aqui, olha nos olhos do papai noel e diz que você vai largar a chupeta'. O menino não conseguiu me encarar, ele abaixou a cabeça e com voz baixa disse: 'Prometo'. Passou mais um tempinho e chegou a vez da mãe dele receber o presente. Aí, o marido e o filho dela disseram: 'Fala para ela largar o cigarro'. E eu, antitabagista ferrenho, logo assumi o papel e disse: 'Olha nos olhos do papai noel e promete que você vai largar o cigarro'. E veja que coisa: ela sabia quem eu era, foi ela que me maquiou, e não é que ela não conseguiu encarar o papai noel! Ela fez exatamente como o filho e, cabisbaixa, disse: 'Prometo'. Logo o filho que estava do meu lado disse: 'Se ela largar o cigarro, eu largo a chupeta'.

Naquele momento, parece que o tempo parou um pouco para eu refletir sobre o que tinha acontecido, e eu pensei: 'Nossa, essa roupa é superpoderosa'. Terminou a festa na casa do Padilha e eu pedi para ficar com a roupa para passar na casa de outros amigos do bairro.

Depois de muitos anos, aquele tinha sido um dos melhores Natais da minha vida!"

Papai noel de crianças com deficiência

Todos os anos, Eduardo passou a ser chamado pelos amigos para ser o papai noel em suas festas de Natal, trabalho voluntário que admirava cada vez mais. Um desses amigos foi autor de outro convite, que apontou o rumo da vida de Eduardo definitivamente para o Terceiro Setor. Ele o inspirou a fazer ações sociais. Primeiro foram as sacolinhas de Natal para algumas ONGs, depois, a atuação como papai noel para um público totalmente diferente.

"Ser papai noel de pessoas que podem dar tudo a seus filhos é fácil, mas e de pessoas que não têm tudo, que, aliás, precisam de tudo? Mesmo com esse pensamento na cabeça, topei na hora.

Para decidir qual instituição apoiar, conversei com um amigo que era vereador na cidade onde eu moro. Ele me indicou duas ONGs: uma delas era a Rainha da Paz, que estava bem no começo da sua trajetória e cuidava de 25 crianças deficientes. Fui muito bem recebido, mas como passei lá depois do meu horário de trabalho e quando os atendimentos na instituição já tinham se encerrado, não tive contato com nenhum assistido.

Eu fiz a conta das crianças atendidas e tive a ideia de pedir cinco presentes de cada amigo onde eu era papai noel para levar para o Natal da instituição. Claro que ninguém rejeitou, mas eu falei: não vem com brinquedo de R$ 1,99, eu quero brinquedo que você daria para o seu filho. Já estávamos em novembro e eu passei algumas outras vezes na organização, sempre sem ver nenhuma criança, por causa do horário.

E aqui eu preciso fazer um parêntese: as pessoas com deficiência me deixavam perturbado, não no sentido de repulsa, mas eu ficava tão impactado vendo alguém numa cadeira de rodas que ficava triste demais, aquilo acabava com o meu dia.

Bom, chegou o dia do Natal e, claro, o dia de conhecer as crianças com deficiência. Eu estava vestido de papai noel, acompanhado por um amigo, dentro de uma sala com 25 crianças de cadeira de rodas na minha frente. O primeiro assistido para quem eu entreguei o presente foi o Wesley, que tem deficiência intelectual e motora e é uma pessoa esfuziante. Quando ele recebeu o presente, começou a se agitar, a mexer os braços e a cabeça e eu não sabia se era porque ele estava contente; na verdade, eu não sabia como agir. Os óculos do 'papai noelzinho' começaram a embaçar de emoção... meus joelhos ficaram trêmulos e eu disse para o meu amigo que ia cair. Foram alguns segundos intermináveis até que começou a brotar no meu coração um enorme sentimento de alegria por estar fazendo uma coisa boa. A segunda criança, a Wélia, tinha problemas com figuras masculinas, mas do papai noel ela não teve medo. Essa menina olhou para mim de um jeito tão doce, tão doce, que naquele momento levei o golpe final: comecei a chorar de vez e tinha que fingir que estava tudo bem. Não estava! Era uma mistura de sentimentos tão inusitada que eu já começava a me arrepender de estar ali; ao mesmo tempo, eu experimentava uma alegria inimaginável. Depois, fui para casa e chorei por três dias.

Naquele mesmo Natal, eu tinha entregado algumas sacolinhas de Natal em uma instituição que atendia mães solteiras e seus filhos com aids. Lá, uma das crianças me disse uma coisa que eu guardei no coração: 'No Natal vem um monte de gente aqui, mas nos outros 11 meses do ano não vem ninguém'. Esse desabafo do menino e tudo o que eu vivenciei com as crianças deficientes me impulsionaram a querer fazer mais do que apenas ações de Natal.

Perguntei em que eu podia ajudar na Rainha da Paz e eles disseram que precisavam de um compressor para a cadeira do dentista voluntário. Estávamos no início do ano e eu liguei para os amigos onde eu fazia o papai noel e disse que naquela vez iria pedir em troca do meu 'trabalho' uma quantia adiantada: dividi o preço do compressor por cinco e, em 20 minutos, eu tinha três mil reais na mão para comprar o equipamento. Essa mobilização foi muito prazerosa. Fiz só mais aquele ano de papai noel para os meus amigos, já que recebi adiantado (risos). Depois, só nas organizações sociais."

Foi assim que Eduardo se tornou um voluntário fixo da ONG. Ele ia lá para brincar com as crianças deficientes; sim, brincar, diverti-las e arrancar belos sorrisos de seus rostos. Isso é que o deixa feliz: pode proporcionar diversão a quem dificilmente teria momentos alegres na vida.

"Aos poucos, aquela sensação ruim de estar perto de pessoas com deficiência foi sumindo. Passei a não enxergar a deficiência em si, mas tão somente o ser humano."

A criação da ONG Pernas de Aluguel

A morte do pai, em 2012, levou Eduardo a mais uma etapa em sua caminhada de doação. Os dois tinham uma ligação muito forte e, quando estava prestes a completar um ano do falecimento, Eduardo pensou em homenageá-lo com um esforço físico. Ele decidiu correr os 13 km da famosa São Silvestre, porque era adepto de muitos outros esportes, mas não gostava de correr. Seria, portanto, um sacrifício em homenagem ao pai que tanto amava.

"Convidei um amigo que tinha corrido a São Silvestre no ano anterior, mas ele disse que não poderia correr comigo, pois iria participar de uma maratona na Disney. Disney!!! Eu amo aquele lugar mágico, ia para lá todo ano e sou apaixonado pelo conceito Disney. Meu amigo ia fazer o Desafio do Pateta: no sábado, meia maratona (21 km), e no domingo, uma maratona (42 km), ou seja, 63 km em dois dias. Eu logo pensei: taí um esforço físico que meu pai merece. A partir daquele momento, entrei na mesma assessoria de corrida do meu amigo e comecei a treinar, treinar, treinar. Fazia parte dos treinos a participação em corridas diversas e eu comecei a gostar da sensação de cruzar a linha de chegada.

Finalmente, chegou o dia da corrida para homenagear meu pai e eu me senti no melhor dos mundos: na Disney, e ainda fazendo uma homenagem estupidamente física. Tudo foi além do que eu imaginava. Chorei mais três dias seguidos depois dessa realização.

Mais tarde, meu amigo de maratona enviou um vídeo do Dick Hoyt, um americano que empurrava o filho tetraplégico em corridas de rua. O vídeo mostrava o pai com o filho cruzando a linha de chegada, e a felicidade daquele menino com os braços levantados na cadei-

ra de rodas me emocionou demais. Bastou ver a cena para eu dizer: quero fazer isso, porque agora eu gosto de correr, faço voluntariado com pessoas deficientes e conheço uma boa assessoria de corrida. Pensei: não falta nada para esse projeto."

Quando Eduardo de Godoy apresentou à OSC a ideia de levar crianças deficientes para participar de corridas, precisou provar que era algo sadio e seguro. Depois do apoio ao projeto, alguns obstáculos retardariam a concretização do Pernas de Aluguel em quase um ano. É notável ver a resiliência de Eduardo, virtude que foi capaz de levá-lo à criação de um projeto ousado e pioneiro no país.

"Aconteceu uma coisa interessante: o que eu achei que seria difícil foi fácil e o que eu achei que seria fácil foi muito difícil.

Eu pensei que o pessoal da organização – que tem uma oficina para adaptar cadeiras de rodas para os assistidos – poderia fazer um triciclo adaptado para as provas. Só que não foi assim. Saí à procura de fornecedores que pudessem fazer o triciclo e chegaram a me oferecer equipamentos caríssimos de cerca de dez mil dólares. Procurando sem cessar, conheci um bom profissional de São José dos Campos que, enfim, aceitou a encomenda e cobrou um preço justo. Fiz uma lista de pessoas que poderiam me ajudar a arrecadar o dinheiro para a compra do primeiro triciclo, entre elas, meus parceiros da assessoria de corrida, mas eles não ajudaram. Uma pessoa que estava lá embaixo na lista foi quem conseguiu levantar o dinheiro, e em tempo recorde. O pessoal que corria comigo não só não ajudou financeiramente como também não topou correr com os deficientes. Fui em frente! Com o triciclo pronto, e depois de quase um ano, consegui pôr o projeto de pé."

Eduardo batizou o projeto de Pernas de Aluguel. Aqui uma curiosidade: talvez pelo fato de a ONG Pernas de Aluguel ter surgido como um projeto, Eduardo sempre se refere à organização como "o" Pernas, que hoje tem quase nove mil voluntários inscritos em várias partes do país. A primeira corrida do grupo aconteceu em 2 de novembro de 2014 e somente em 2019 a ONG foi aberta juridicamente.

"Antes de bater o martelo no nome do projeto, conversei com duas cadeirantes que tinham boa cognição. Perguntei a elas se, de alguma forma, se sentiam ofendidas com esse nome; porque uma coisa é perguntar para pessoas sem deficiência, e outra bem diferente é perguntar para um cadeirante. Elas não sinalizaram incômodo nenhum. Nesse processo todo, nós aprendemos que sabemos bastante sobre a definição de inclusão, mas, na prática, os caminhos da inclusão ainda são um pouco nebulosos."

O Wesley foi o único participante da "equipe" do Pernas de Aluguel na corrida de estreia, que aconteceu numa das etapas da prova de 21 km disputada na Marginal Pinheiros, em São Paulo. Alguns pais de crianças com deficiência que Eduardo conheceu durante o tempo em que tentava viabilizar o projeto também participaram. Naquele dia, cinco voluntários do Pernas se revezavam para empurrar o triciclo.

"O Wesley teve a mesma reação dos atletas um dia antes de provas importantes: ficou ansioso e não conseguiu dormir, mas quando cruzou a linha de chegada, aquela alegria contagiante me deixou emocionado! Que maravilhoso é ver uma pessoa com deficiência incluída por meio do esporte! O Pernas tomou uma proporção que eu não imaginava. Hoje, além de São Paulo e Grande São Paulo, o projeto existe em Campinas e Belo Horizonte, e já tive pedidos do Brasil inteiro. Inspiramos vários projetos semelhantes por aí afora."

A ideia é que o Pernas seja uma organização sustentável em breve, pois ainda não o é. Enquanto isso, a ONG, cujos membros ativos são todos voluntários, sobrevive com doações feitas por meio do site e através de uma parceria frutuosa com o KM Solidário, aplicativo que transforma quilômetros de caminhadas, corridas, pedaladas ou natação em doações. Especialmente nesse momento de pandemia, em que quase tudo é feito de forma virtual, a participação no KM Solidário está trazendo a maior parte dos recursos da ONG. Por este aplicativo, a pessoa se inscreve, escolhe que atividade quer fazer e para qual organização quer doar. Os administradores saem em busca de patrocinadores e, no fim de cada mês, distribuem os valores arrecadados na proporção dos quilômetros atingidos por Instituição. A ONG do Eduardo participa das ações do aplicativo desde o início e chega a ajudar até quatro instituições que atendem crianças e adultos com deficiência. E como causar diversão para o cadeirante numa corrida virtual? Eduardo decidiu que a cada dez voluntários inscritos, uma pessoa com deficiência seria premiada.

Numa das ações, o prêmio que o Pernas de Aluguel deu aos participantes foi uma cesta que Eduardo chamou de "caixa da alegria", com guloseimas: chocolate, pirulito e coisas do tipo, além de máscaras e *kits* de higiene.

"O Pernas está baseado em três pilares: segurança, ética e diversão. Os três têm que ser obedecidos em qualquer evento, está no estatuto. Então, nós podemos dar um prêmio desses, que vai arrancar aquele sorriso de quem recebe!"

*Objetivo da ONG Pernas de Aluguel: promover diversão para pessoas com deficiência motora e cognitiva, proporcionando aos participantes a oportunidade de transformar a linha de chegada em algo mais especial do que normalmente é.[1]

Vocação para realizar sonhos

O projeto PDA Dream, que faz parte da ONG Pernas de Aluguel, proporciona acessibilidade aos sonhos de pessoas com deficiência. Eduardo de Godoy sempre gostou das ações da Make-A-Wish (organização americana que realiza os sonhos de crianças em estado terminal com a ajuda de doadores). Ele fez o curso de capacitação para atuar no braço brasileiro da entidade e, atualmente, é chamado para auxiliar na realização dos sonhos de crianças com deficiência física que se encontram em estado terminal.

Pelo seu estatuto, a Make-A-Wish não realiza sonhos de pessoas com necessidades especiais que não estejam em estado terminal; então,

---

1 https://www.pernasdealuguel.org/

o Eduardo criou o PDA Dream, e é com muita emoção que ele fala dessa doação total em ficar nos bastidores, preparando com todo o amor o sonho de uma outra pessoa.

"Eu criei o PDA Dream para realizar os sonhos de deficientes. Aprendi na Make-A-Wish que existe toda uma forma de extrair da pessoa o que é sonho e o que é apenas um desejo. Uma vez, tinha garoto que dizia sonhar em ter um iPhone e, durante o processo para captar o verdadeiro sonho daquele menino, descobrimos que o que ele sonhava mesmo era voltar a jogar bola com o pai e participar de um churrasco em seguida. Veja, é muito diferente!

O pessoal da Make-A-Wish não sabia como concretizar o sonho da criança deficiente que queria jogar bola. A equipe ligou para mim e o sonho do menino foi realizado. Organizamos uma partida de futebol com ginásio iluminado, com o hino nacional tocando no começo do jogo e times com camisetas diferenciadas. As crianças da Rainha da Paz participaram e fizemos um jogo que terminou em 7 a 7! Depois, claro, veio o churrasco. Esse foi o primeiro sonho da Make-A-Wish realizado em parceria com o Pernas.

Agora, eu sonho em levar os cadeirantes para a Disney. Ainda vai acontecer!"

Projeto Super Ação

Não dissemos no começo do capítulo que o amor fomenta a criatividade? Pois bem, a cabeça do Eduardo é um caldeirão de ideias boas, criativas, educativas etc., etc.

Ele está começando a tocar o Projeto Super Ação, que se escreve assim separado, mas que engloba dois conceitos: uma "grande ação" de "superação".

"Com o Super Ação, a ideia é pegar uma pessoa sem deficiência, colocá-la numa cadeira de rodas e fazê-la vivenciar o que é ser um deficiente físico. É mais ou menos como o que é feito nas salas escuras para que as pessoas sintam como é ser um cego.

Os participantes passariam um dia na cadeira de rodas indo do ponto X ao Y, encontrando pelo trajeto postes, rampas malfeitas, falta de rampas, lixo; uma vivência que certamente serviria para estimular a empatia.

Uma variação desse projeto seria termos um Super Ação Móvel. Pensamos em usar um caminhão carregado com um circuito desmontável que passasse por várias escolas, para que as crianças vivenciassem os obstáculos que devem ser superados pelas pessoas deficientes. Esses estudantes vão ser os engenheiros, arquitetos, prefeitos do futuro, e teriam uma bagagem importante para desenvolver sua profissão pensando também nos cadeirantes."

O que você ganha com sua doação, Eduardo?

*"Essa minha história no Terceiro Setor fez de mim um ser humano melhor. Antes, eu tinha que ter o mais-mais de tudo. Se eu não tivesse o melhor iPhone, a melhor câmera fotográfica, o melhor carro, a melhor casa, então, alguma coisa estava errada e eu não era feliz. Agora, meu direito de reclamar mudou de nível. Sim, eu tenho o direito de

ter coisas boas, mas mudaram todos os meus parâmetros e eu me sinto uma pessoa mais satisfeita. Isso não quer dizer que eu seja uma pessoa realizada. A cada realização minha e a cada realização do Pernas, eu fico feliz, mas ainda não terminou, tenho muito a fazer!"

Parte 3

Caridade, Solidariedade e Voluntariado

"A felicidade passa pela solidariedade!"
Padre Joãozinho, scj

Caridade, solidariedade... ação!

Nos dois próximos capítulos, nosso desejo é refletir sobre a caridade e a solidariedade, no sentido religioso e no sociológico. Será que temos somente bondade inercial ou amor verdadeiro pelos que necessitam de nós?

Começamos pelo significado de cada palavra.

Caridade: é o amor divino, o amor cristão. Muitos dizem que a palavra foi criada pelos primeiros cristãos que sentiam falta de um vocábulo para distinguir o amor genérico ou romântico, do amor fraterno. Em grego, usa-se a palavra ágape para definir o amor cristão. Em latim, a palavra é *cáritas*, de onde veio nosso vocábulo caridade. Essa palavra expressa um amor maior, o amor com que Deus nos ama e com o qual devemos amá-lo e amar nosso próximo, visto que a palavra amor, pura e simplesmente, adquiriu muitos e novos significados que, não raras vezes, nada têm a ver com amor de verdade. No sentido religioso, caridade é uma das três virtudes teologais; as outras são fé e esperança.

Veja o significado da palavra no Dicionário Michaelis - *Caridade: qualidade moral e espiritual que leva ao amor a Deus e ao próximo; amor ao próximo, que consiste em ajudar os desvalidos; ajuda ou donativo que se dá aos pobres; esmola; compaixão em relação a alguém que se encontra em situação difícil; benevolência.*

Solidariedade: é como definimos a generosidade fora dos termos religiosos.

Veja o significado da palavra no Dicionário Michaelis – *Solidariedade: sentimento de amor ou compaixão pelos necessitados ou injustiçados, que impele o indivíduo a prestar-lhes ajuda moral ou material; responsabilidade recíproca entre os membros de uma comunidade, de uma classe ou de uma instituição; apoio em favor de uma causa ou de um movimento.*

Vamos entender melhor o contexto virtuoso que nos leva a fazer o bem àqueles que necessitam de nós e que, muitas vezes, podem ser ilustres desconhecidos.

CAPÍTULO 1:
Somos sommeliers do bem?

Convidado: Padre Carlos Rafael Casarin, sacerdote há 16 anos, atualmente pároco da Paróquia Nossa Senhora Mãe dos Homens e Santo Antônio de Pádua (Louveira/SP). Pe. Rafael tem graduação em Filosofia, Teologia e Arquitetura e Urbanismo (com especialização em arquitetura de espaços litúrgicos).

Nosso primeiro questionamento ao padre Rafael foi sobre como podemos exercer a caridade e não apenas fazer conjecturas sobre essa virtude. Diante da questão, o sacerdote nos convida a pensar no que suscitou o título desta primeira parte do capítulo: será que quando finalmente conseguimos sair da teoria e colocar em prática o desejo de ajudar a outrem, nos tornamos *sommeliers* do bem, escolhendo o que nos agrada e fechando os olhos para o resto? Algo muito adequado para refletirmos, especialmente neste momento em que a população mundial sentiu que toda a humanidade está no mesmo barco – como disse o Papa Francisco em sua bênção Urbi et Orbi no início de 2020 –, e que todos os esforços, em todas as áreas, têm que ser empreendidos para evitarmos o naufrágio.

"A caridade é para todos, não podemos fazer uma preleção. Creio ser muito importante compreender aquilo que é próprio da fé, e a fé vivida, não sentida. A caridade é uma virtude teologal, ou seja, nós recebemos de Deus e sem Deus, por nós mesmos, não conseguimos praticá-la, pois temos uma tendência ao egoísmo pelo pecado original. Caridade não é uma escolha: se eu digo: 'Hoje vou fazer uma caridade, uma boa ação', eu estou me colocando como o centro, o início e o fim dessa decisão; a caridade não pode ser vista como algo que começa em mim. Como é virtude, doação, a caridade é para despertar em nós aquilo que é sua finalidade última: Deus, temos que estar em Deus. Parte d'Ele a caridade, do agir de Deus, e agindo em Deus, eu só posso ser caridoso. Não existe um agir em Deus sem caridade.

Muitos dissociam a ação da fé. Então, tornou-se mais corrente dizer que a pessoa faz ações solidárias, não caritativas, para evitar o paralelo com a Igreja Católica e vincular a ação ao Terceiro Setor. Se o desejo natural da pessoa é estar em Deus, sem vínculos com a Igreja, ela vai por uma via indireta, ou seja, para o Terceiro Setor. Se a intenção, o meio e a finalidade são verdadeiros, essa pessoa com certeza será caridosa, isso porque não há oposição entre solidariedade e caridade. A solidariedade é uma linguagem da caridade, como a verdade é uma linguagem do amor. Como eu mostro que eu amo? Sendo verdadeiro, sendo fiel. Como eu demonstro que sou caridoso? Desenvolvendo uma ação, pois a caridade não pode ser só de boca, senão, não chegamos muito longe. Lembro aqui uma passagem da 1ª Carta de São João: 'Meus filhinhos, não amemos com palavras nem de boca, mas por atos e em verdade' (I São João 3, 18). A partir disso, o que reafirmo é que a caridade é um agir, um modo de ser, é a linguagem do amor que é universal, compreendida por todos. Existem tantos ateus solidários, que montaram uma ONG e ajudam as pessoas; portanto, a solidariedade, enquanto ato não religioso, é como um caminho indireto para Deus; digo indireto, porque a pessoa pode estar fazendo o bem, mas ainda não com o foco correto de estar em Deus."

Caridade não é acessório nem vaidade

Padre Rafael fez uso de uma simbologia para deixar claro que a caridade faz parte da identidade do cristão e, por extensão, de toda a humanidade.

"Se eu compro um carro, eu ponho acessórios conforme minha condição financeira. Posso comprar câmera de ré, rádio, câmbio automático... São acessórios, pois o carro também anda sem isso tudo e cumpre seu papel de nos transportar de um lado para outro. Já a caridade não é um acessório, é indissociável da natureza cristã, não é algo que eu possa escolher porque sinto vontade; negar a caridade é negar a vivência da fé.

É fato que eu posso realizar uma ação do bem pensando na placa que vão fazer com meu nome ou pensando nas pessoas que eu estou ajudando, já que a solidariedade nem sempre está na fé enquanto convicção, mas é um jeito de a fé se manifestar. Agora, temos que ter a dimensão de que, quando fazemos algo em nosso nome, assim que morrermos, tudo acaba. Quando, porém, fazemos em nome de Deus, nós morremos e a obra continua. Quem fica preso na vaidade não faz caridade, faz só a manutenção da imagem."

Sempre que pensamos em alguém que faz um bem para uma pessoa, um grupo, uma comunidade, bate aquela dúvida: será que aquela pessoa quer se destacar apenas para ganhar pontos perante a sociedade, para aparecer, ou tem uma intenção oculta para o futuro? Ou, trocando em miúdos: a intenção do benfeitor é boa, os meios são bons e a finalidade é verdadeira? Como já vimos com o nosso convidado, o motivo da boa ação é tão importante quanto os meios para realizá-la e seu fim último. Nada melhor para entender essa afirmação do que com exemplos práticos.

"Se eu dou uma esmola na rua para me livrar de um mendigo, sim, eu ajudei aquela pessoa, mas a ação não tinha um fim em Deus, mas sim um fim em mim mesmo. Lembra o juiz injusto e a viúva do Evangelho? (Lc,18). Ele se livrou dela fazendo justiça, mas não fez caridade, pois estava pensando em se livrar de um problema, do estorvo que aquela viúva representava. Eu posso fazer uma grande ação social com a finalidade de ter um abatimento no Imposto de Renda. Se apenas essa é a minha intenção, minha ação não é caridade. Eu faço um bem se eu tenho uma intenção boa, um meio bom e uma finalidade boa. A verdade pode não aparecer para o outro, mas a própria pessoa sabe, e isso é o que importa."

Caridade não é moeda

"Caridade é dar o que você é, o que você sabe e o que você tem. Não só dinheiro, mas pode ser notoriedade. Os artistas que angariaram fundos para ONGs com suas lives fizeram isso: doaram seu talento, sua

imagem, seu tempo, enfim, o que eles são, por uma boa causa. Às vezes, cinco minutos de fala e um sinal de paz e amor no final são capazes de mobilizar a doação de muitos.

E o que doa um professor que faz caridade? O que ele sabe. E o padre? O que é, o que sabe e o que tem. Em Atos dos Apóstolos, quando um mendigo paralítico pediu uma esmola a Pedro e João, vemos o que é importante: dar o que se tem e que, talvez, o outro esteja precisando e nem sabia: 'Pedro, porém, disse: Não tenho nem ouro nem prata, mas o que tenho, eu te dou: em nome de Jesus Cristo Nazareno, levanta-te e anda!' (At, 3,6). O que Pedro fez? Ele restituiu a dignidade daquela pessoa que era inválida, sendo que essa condição de deficiência poderia significar 'n' coisas em nossa sociedade.

Quando a pessoa é solidária, pode estar, na verdade, doando apenas o que tem materialmente, pois o que ela é pode não estar bom e o que ela sabe não vai ajudar, não obstante, o dinheiro está aí.

O que importa é que não devemos enxergar a caridade como uma meta ou uma cota a ser atingida. É uma vivência que tem que ser constante até o fim da vida. Não se trata de um fundo imobiliário que eu recebo depois, um crédito que eu adquiro sendo caridoso. Não! Caridade não tem a ver com moeda, e não é tampouco dinheiro pelo dinheiro. O dinheiro tem que ser lícito, em primeiro lugar. Não adianta ter uma intenção boa, uma finalidade boa e um meio ruim. Como padre, já me ofereceram uma grande oferta que seria fruto de corrupção. Eu recusei terminantemente! Não posso aceitar a prática do Robin Hood, que rouba de um para dar ao outro. Isso não tem nada a ver com o Evangelho."

Sim, padre Rafael fala do absolutismo moral, a teoria da Ética que propõe que todas as ações possuem valores inerentes de certo ou errado. Roubar, por exemplo, é considerado sempre imoral, mesmo se feito para o bem-estar alheio, mesmo se o resultado for benéfico. E, com isso, ele faz uma crítica ao relativismo que estamos vivendo hoje, onde o "ser politicamente correto" inverte muitos valores.

"Se o mundo hoje está pregando o relativismo, pregando que a gente tem que priorizar satisfação e felicidade, então pode-se pensar: por que eu vou denunciar o ladrão se ele está satisfeito e feliz? Como vou dizer que não pode? Vamos ser politicamente corretos e está tudo bem?

A doutrina me dá a clareza da verdade. Isso é bom e isso é ruim, e, a partir daí, eu tenho que fazer uma escolha. Se eu escolho a verdade, a caridade vem junto. A caridade muitas vezes tem que ser uma ação assistencialista mesmo, se essa é a necessidade urgente, mas não pode ser só dar comida, mas sim tornar a pessoa livre do que a oprime e escraviza. Há que se ter muita lucidez para compreender que os temas de ordem material e espiritual não são excludentes, não se pode desvincular o bem temporal do que é eterno."

Como já vimos, para gerar uma cultura de doação nos países, os *players* do setor acreditam ser importante que o doador diga que doou algo e que acha importante fazer doações, não só de emergência, mas regulares, para entidades do Terceiro Setor. Assim, outras pessoas são incentivadas a fazer o mesmo. Aqui, outra vez, entra em campo o motivo e a finalidade de divulgar as ações. Quando a ação social é sólida e não apenas ato momentâneo que surgiu sem um propósito verdadeiro, é capaz de se tornar robusta e arrastar uma multidão em prol de uma causa.

"Vamos pegar um ícone da caridade de nosso tempo: Madre Teresa de Calcutá, hoje santa. A caridade dela não tinha a ver com dinheiro, mas com a vida. E sendo caridosa, ela conseguiu trazer muita gente igualmente caridosa para trabalhar com ela em prol dos pobres e doentes; assim, aquela ação inicial se tornou uma grande obra de caridade, seguindo sua vocação e missão. Mas o que ela fez? Era um Evangelho vivo! Isso nos indica que caridade gera caridade. Pode reparar: sempre perto de alguém que inspira a caridade há muitos com o mesmo propósito.

E não há limites para a caridade, pois não há limites para nada que é de Deus. Lembra dos 70 vezes 7 sobre o perdão? (Mt 18,21-22). A caridade está na mesma linha, e dá dignidade a quem recebe e a quem faz. Será que depois de dar por um tempo uma marmita para alguém, eu não poderia fazer algo para tirar essa pessoa da rua? Mesmo quando ajudamos alguém que nem sempre vai usar nossa doação da forma correta, devemos nos alegrar com a gratuidade de nossa ação. Eu já passei por isso, mas não tenho problema nenhum em acreditar nas pessoas, pois eu ajudei de todo coração, e isso me basta. O problema está no outro em mentir. Não devemos nos paralisar só porque o mundo elogia o mentiroso e ri daquele que acredita. Eu prefiro acreditar nas pessoas e continuar fazendo o bem que eu posso. Sou livre para isso. E é importante deixar claro que existe o inverso também: uma pessoa que vai ajudar a outra para tirar algo de bom que ela tem. Conta-se uma história que, um dia, um homem resolveu dar uma cesta básica para uma família necessitada e que tinha muita fé em Deus. Como tinha segundas intenções, planejou dizer que foi o diabo que mandou o alimento. Logo que recebeu a doação, a dona da casa disse: 'Obrigada, Senhor!' E o doador retrucou: 'Não foi Deus que mandou, mas o diabo'. Então a dona da casa disse: 'Quando Deus manda, até o diabo obedece!' O homem que deu com má intenção não ganhou nada e quem recebeu com a convicção de sua fé pode ter contribuído com o outro. Todos temos algo a dar."

As ONGs e a caridade

"Acredito que as ONGs criadas a partir de um propósito verdadeiro e com pessoas que seguem a vocação de ajudar a quem precisa estão sobrevivendo porque conseguem apoio pela retidão de seu trabalho."

As organizações sociais não podem ser só uma fachada que esconde uma intenção por trás. Claro que isso não vale somente para as ONGs, mas especialmente para esse tipo de entidade, que nasce do desejo de tornar o mundo melhor a partir da boa vontade de seus idealizadores. Nesse sentido, nosso convidado atinge o ponto fraco e fala abertamente sobre a fidelidade ao propósito da organização, sua eficácia no combate à pobreza ou outra necessidade, além da transparência sobre o destino do dinheiro arrecadado.

"Abrir uma empresa do Terceiro Setor que constrói a cada seis meses uma casa de três cômodos em uma comunidade, será que está

valendo a pena? Arrecadei 300 mil reais e construí uma casa de 50 mil reais, mas para minha empresa ficar aberta eu precisei dos outros 250 mil. É claro que a organização do Terceiro Setor tem que ter funcionários também, não só voluntários, e tem que pagar o salário de mercado para seus profissionais, pois eles não estão lá para fazer caridade, afinal, é o trabalho deles. Esses profissionais têm carga horária definida, escopo de trabalho etc. Quanto a isso, não se discute. O problema é quando a ONG incha seus quadros e passa a gastar mais para se manter do que para promover o bem a que ela se propôs. As ONGs não podem gerar fortunas pessoais para seus gestores e gerar distorções do tipo: para ajudar uma pessoa com 100 reais, eu preciso de 10 mil reais a fim de sustentar a macroestrutura da minha ONG.

Solidariedade não pode ser vista como uma profissão, deve-se pensar além do sucesso e do status, rechaçando a ideia humana de sucesso. Portanto, nem toda solidariedade é bem-vista, porque pode não ter sido bem-feita. Quem faz apenas por oportunismo e não destina da maneira correta os recursos que arrecadou, esse não vai continuar com seu empreendimento 'do bem' por muito tempo."

A solidariedade na pandemia

Padre Rafael acredita nas pessoas, pois como ele mesmo diz, "se não fosse assim, não seria padre". Mas diante deste período de crise sanitária, ele entende que a necessidade se impôs e, sim, as pessoas se sensibilizaram numa potencialidade superior à de épocas de pretensa calmaria. O que se deve questionar agora é se esse período devastador será capaz de mudar o ser humano de forma indelével.

"Historicamente, temos altos e baixos nas demonstrações de caridade no mundo. Em todas as épocas, houve gente que se dispôs a fazer grandes ações de caridade, mas hoje existem plataformas maiores para dar visibilidade a elas. Em contrapartida, o egoísmo também aparece muito mais. Veja a realidade dos refugiados, por exemplo. Eles são expelidos do seu país e, muitas vezes, morrem atravessando o mar porque nenhum país os aceitou. Quando o Papa Francisco foi visitar os refugiados, muitos não viram com bons olhos, porque essa questão é uma chaga do mundo. No entanto, isso deveria nos exortar a fazer muito mais pelos que sofrem, e uma coisa é certa: quem toma consciência do bem que pode fazer não volta atrás, porque esse é um bem inestimável para si próprio."

CAPÍTULO 2:
A SOLIDARIEDADE NÃO É ABSTRATA

Convidado: Professor Pedro Aguerre, mestre e doutor em Ciências Sociais pela PUC-SP, com experiência em sociologia e política urbanas, gestão de projetos e estudos de temas sobre segregação socioespacial, juventude, entre outros; é assessor da Pró-Reitoria de Cultura e Relações Comunitárias, e membro do Núcleo de Estudos Avançados do Terceiro Setor (NEATS) da PUC-SP; professor assistente doutor da Faculdade de Economia e Administração, Contábeis e Atuariais (FEA); e membro da Pastoral Fé e Política, atuando na área de formação política, cidadania e direitos humanos.

Nosso convidado nos esclarece, logo de início, que a solidariedade tem que se traduzir em obras, tem que ser ativa e nunca estática. Ele está otimista em relação à lufada de solidariedade sobre o mundo diante do desafio da maior crise sanitária de nossos tempos, mas lança um olhar mais apurado sobre a realidade da pandemia e seus efeitos no comportamento humano e na gestão das organizações da sociedade civil, convencido de que estamos ainda num processo de entendimento das inúmeras questões impostas à humanidade, agora pretensamente mais unida numa espécie de confraternização global. Com efeito, se o comportamento solidário vai ou não perdurar... ah, isso é uma caixa de surpresas.

Solidariedade se aprende?

"Sim, se aprende. E quem tem uma vocação e um perfil solidários, muitas vezes, 'reencontrou' nesse momento a vocação e se mobilizou para uma atuação solidária. Nesse sentido, nós vimos centenas de atuações microterritoriais para fazer as quentinhas aos mais vulneráveis, por exemplo. Eu não sei se a pandemia foi capaz de ensinar a solidariedade àqueles que não têm essa sensibilidade, mas eu tendo a imaginar que esses valores não são uniformemente distribuídos, por exemplo, na população católica. Eu entendo que temos ações católicas de perfil mais conservador, de assistência, de caridade, que são bem-vindas; temos também ações do setor progressista religioso que são bem-vindas, mas eu não sei se o conjunto do catolicismo trabalha com essa chave da solidariedade ativa. Nossa sociedade foi muito maltratada no que diz respeito à emergência de valores individualistas, egoístas, da sacralização do benefício privado, individual, que leva as pessoas a dizerem: 'Eu venci, o outro não vence porque não quer'. Diante disso, eu não sou muito otimista a ponto de acreditar que muitos tenham mudado para buscar e encontrar a compaixão e os valores solidários. Talvez o comportamento da sociedade neste período aponte para uma transformação definitiva, mas isso é algo em processo que nós não temos elementos para projetar como uma mudança geral de costume. Por outro lado, creio que muitos daqueles que, até pela própria tradição brasileira, comungavam dos mesmos

valores se multiplicaram, encontraram vocações, acionaram redes locais, puderam acordar os que estavam mais adormecidos e gerar ações substantivas em nossa sociedade."

Solidariedade e caridade diante do solavanco da pandemia

O Prof. Aguerre situa a ideia clássica da filantropia, da caridade, como uma ação pautada em valores religiosos, que não está propriamente referida ao que é a dignidade dos direitos humanos, que vem como atuações episódicas a partir de uma área de atividade. Ele cita como exemplo sua avó paterna, que trabalhou com jovens grávidas no Uruguai dos 15 aos 90 anos, apontando ser esse tipo de ação de caridade carregado de uma ética religiosa que caracterizou o Terceiro Setor no século 19. Depois desse período, houve certa transição para uma nova forma de olhar os vulneráveis, com base nos valores republicanos, em outras ideias de justiça, liberdade, igualdade e de solidariedade. Mas, fazendo uma análise sistêmica do momento em que a humanidade se encontra hoje, Aguerre desenha um ponto de convergência entre os conceitos de caridade e solidariedade.

"No contexto da modernidade, a solidariedade talvez seja um valor superior ao da caridade, porque afirma um princípio fundamental: onde houver injustiça, onde houver alguém atingido em seus direitos fundamentais, há uma emergência de toda a humanidade. Acho que é nesse sentido que a Encíclica Fratelli Tutti do Papa Francisco nos provoca. Podemos situar, até com a presença e a figura do Papa, uma mudança de paradigma que extrapola as fronteiras do

cristianismo. Assim, podemos pensar que caridade e compaixão se articulam com a ideia de solidariedade, sendo que as ações de filantropia, como distribuir alimentos e promover outras ações emergenciais, que muita gente chamava de assistencialistas, foram ampliadas e se mostraram fundamentais nestes tempos de pandemia.

Acho que, mais uma vez, somos convidados a pensar nas fronteiras teóricas entre solidariedade, caridade, assistencialismo, vislumbrando uma nova ética que começa a se perfilar e, diga-se, que se mostra tão necessária. De alguma maneira, entraram em xeque aqueles pressupostos de um estado elementar social da utopia da igualdade e, por conseguinte, a expectativa de que, com a nossa cidadania ativa, com nosso voto, nossa participação social, caminhássemos em direção à igualdade. Somos levados agora a desenvolvermos um outro olhar e uma nova valorização do que muitas vezes foi desvalorizado, como a ação pontual da caridade, para passarmos a dar o testemunho de uma sociedade que se conecta consigo mesma para fazer o bem, encontrar propósitos comuns e, com isso, podemos fazer surgir uma nova sensibilidade.

Esse preâmbulo que fiz se configura em um mea-culpa em relação às teorias mais tradicionais que isolavam caridade e solidariedade muito longe uma da outra, e talvez estejamos agora num momento em que essa nova sensibilidade se traduz, sim, em serviço, palavra muito cara ao mundo religioso, mas também se traduz em cidadania, resistência, em uma expectativa de que volte a vigorar um estado social [1]. *Então, não se configura*

---

1 O estado social tem por base corrigir desigualdades sociais e econômicas.

mais uma ação isolada, mas ações amplas que convergem para um novo desenho societário, unindo o polo da caridade isolada e o polo da conquista dos direitos, que se reconciliam de alguma maneira devido à pungência da situação social."

Aguerre atribui esse novo desenho societário à sensação de que o caminho da política, ou seja, que leva às políticas sociais, se obstruiu de alguma maneira e precisaria ser resgatado, unificando todos aqueles que estão preocupados com o bem-estar das pessoas, colocando o conjunto da sociedade apto a novos consensos e novas discussões.

A partir desse recente olhar para a gestão social, novas parcerias, novas conexões, novas perspectivas começam a se abrir, construindo uma atuação em rede, já que se fortaleceu nessa caminhada a percepção de que a atuação individual não mais responde com eficácia às demandas sociais. No Brasil, um país com dimensões continentais, com sua realidade social, suas contradições e dificuldades, os três setores conseguiram na pandemia operacionalizar uma atuação em rede, que trouxe como resultantes novas e mais intensas experiências na gestão social, tendo como lócus o país inteiro.

As OSCs podem representar a solidariedade na prática

Este novo contexto trazido pela pandemia permitiu novas articulações entre Primeiro, Segundo e Terceiro Setores, novos tensionamentos, que colocaram para trabalhar em conjunto as organizações privadas (o polo ligado ao capital); o Estado, com a sua presença capilar nos territórios a partir dos órgãos de serviço social, de educação, de saúde; e as organizações da sociedade civil, com forte atuação na base local.

"Em que consiste essa rede que pode acolher, fomentar ações e construir estratégias? Acho que esse é um conceito ampliado do que são as organizações da sociedade civil, o Terceiro Setor, envolvendo associações comunitárias, movimentos sociais coletivos, uma plêiade muito grande que se organiza com base naquilo que tiver condições de acolher e de desenvolver. Em regra, essas são as OSCs mais estruturadas, com maior capacidade de gerir recursos, de desenvolver projetos; mas, talvez, estejamos vendo uma pequena transição da atuação individualizada dessas organizações para uma atuação mais alargada, em rede, mobilizando mais o Estado, fazendo mais parcerias com o setor empresarial e construindo um trabalho amplo e robusto na sociedade. Acredito ser esta uma síntese do que se afigura como novo neste momento: essa união de forças, pois o grito das demandas sociais foi percebido e oportunizado pelos três setores, todos com suas dificuldades e peculiaridades. Quando pensamos na pandemia, pensamos naquilo que em outro setor é chamado de Tempestade Perfeita[2], que expõe as fragilidades, contradições e dificuldades na vida dos territórios quando alguma coisa sai minimamente da ordem, por exemplo, quando cessam as aulas e as crianças ficam em casa. A pandemia é, sem dúvida, uma Tempestade Perfeita, mas que também provocou uma reação consistente e benéfica naqueles territórios com maior nível de organização da sociedade civil[3]."

---

2 A expressão Tempestade Perfeita é utilizada no setor econômico para descrever uma situação normalmente já considerada não favorável que é agravada por uma série de ocorrências.

3 Território é a dimensão do espaço habitado, com limites físicos de caráter político/administrativo.

Solidariedade ativa e dinheiro

Ao longo desta obra, vimos várias vezes que não se pode generalizar quando o propósito é avaliar a contribuição do Terceiro Setor para a resolução de problemas pungentes no Brasil e mundo afora. Mas os recentes escândalos das ONGs nos remetem sempre a uma suspeita de malversação do dinheiro que abastece essas entidades. Nosso convidado faz uma pergunta contundente: *"Se não fossem as organizações da sociedade civil para chamar a atenção aos mais vulneráveis, quem seria?"* Ele acredita que o Terceiro Setor se mostrou um ator importante para a mudança de mentalidade da sociedade, para o resgate do valor de solidariedade como um valor que não é abstrato, mas que gera resultados e soluções que revelam proximidade com a comunidade, possibilitando, assim, o encontro de caminhos eficazes. A escuta atenta das populações vulneráveis é apontada por Aguerre como fomento da solidariedade ativa.

"Se não foram as organizações sociais, não foi ninguém. Algo aconteceu nesse período e temos que estabelecer a evidência dada por muitas pesquisas e muitos testemunhos, os quais poderão ser mais bem comprovados ao longo do tempo, de que as OSCs foram um fator diferencial no enfrentamento da pandemia no Brasil, pautado pela precariedade da atuação do Estado nos territórios segregados e vulneráveis, e permitindo uma atuação em rede. Talvez este momento de pandemia tenha propiciado um novo estímulo de confiança nas redes de solidariedade comunitárias. Ressalto que nós temos fundadas razões para validar um conjunto de estudos e de pesquisas que dizem que as OSCs têm, no propósito, um importante

referente que as transforma em sujeitos de transformação da realidade. Este é um ponto relevante. No entanto, este é um setor heterogêneo e muito complexo, aliás, heterogêneo é pouco! É mais do que isso. É complexo e contraditório.

As OSCs que amealham uma parcela importantíssima de recursos e têm uma grande estrutura são consideradas de baixíssima accountability, baixíssima transparência e de retorno muito intrincado aos territórios, além de demonstrarem uma dificuldade muito grande, e até uma recusa, de atuar em rede.

Entretanto, o Terceiro Setor é composto por outros grupos também. As organizações das áreas de educação, assistência social, direitos humanos e cultura ficaram consolidadas na literatura como entidades que têm o ímpeto de fazer algo pelo bem, pela igualdade, pelas pessoas, de compor com as políticas públicas, exercendo um papel para além do assistencialismo, mais estruturante, mais formador.

Acho que algo que deu essa cara às organizações sociais foi a luta pela democracia e pelos direitos, o que nos constituiu como, usando a linguagem religiosa, sal da terra e luz no mundo para fazer a diferença. Desse ponto de vista, o dinheiro que pôde abastecer políticas e ações sociais ajudou e foi bem utilizado por essas organizações. Acredito, portanto, que não temos razões para colocar suspeição sobre a totalidade das OSCs."

Apenas um pico de generosidade?

As doações cresceram deveras no início da pandemia, numa comoção mundial de grandes proporções. Depois, muitos passaram de doadores a necessitados de doações e aqueles que tinham mais poder de ajuda também esmoreceram, até porque a mídia tirou o pé do acelerador da divulgação das boas ações.

"Estamos vivendo uma carência humanitária muito severa, de desemprego, ausência de renda, fome, susceptibilidade à doença, vulnerabilidade dos idosos... questões concretas muito palpáveis para as quais ou bem se respondia ou bem elas poderiam multiplicar a sua capacidade de provocar uma tragédia social. Se essa atuação em rede, com todos os setores trabalhando juntos, se tornará gestão social mais perene, se essa união criará novos vínculos, se a responsabilidade social corporativa de fato, como eu penso, está mudando, isso não sabemos ainda. O que vemos é que, de alguma maneira, quando faltam as políticas públicas, a sociedade tem vasos comunicantes que acessam outras responsabilidades e outros recursos. Não obstante, o que constou, especialmente no primeiro semestre de 2020, é que houve um pico de uma grande sensibilidade e de grandes doações que depois caiu. As suspeitas são de que as pessoas agem pela emoção, e muito conectadas com o sistema de mídia que consegue sensibilizar e colocar o assunto na pauta do dia. Lembremos do Jornal Nacional, com aqueles dois minutos de responsabilidade empresarial e toda a prioridade dada ao tema; isso se esvaiu e, ao se esfumar, acredito que o impacto no dinheiro que vai para a ação social tenha sido proporcional.

Então, penso que a mudança estrutural depende de uma série de elementos atuando de uma forma mais ou menos coordenada e contínua, sem o que não veremos a mudança que desejamos. Nesse contexto, e destacando a falta de visão profética dos governos federal, estadual e municipal em relação a tudo que estava ao seu alcance, criou-se nas OSCs a sensação de que: ou nós ou ninguém.

Todas as ações deste período só podem ter uma consequência mais ampla e duradoura se, de fato, as políticas públicas forem mais solidárias, generosas, apropriadas, recuperando valores de igualdade e de atenção a quem precisa."

CAPÍTULO 3:
VOLUNTARIADO: O QUE É QUE EU GANHO COM ISSO?

Convidada: Silvia Maria Louzã Naccache - empreendedora social, palestrante e consultora na área de Voluntariado, Responsabilidade Social, Desenvolvimento Sustentável e Terceiro Setor. Conteudista do Observatório do Terceiro Setor, Rede Filantropia e da Escola Aberta do Terceiro Setor. Articula parcerias com organizações da sociedade civil, governos, escolas, universidades e empresas. Conselheira voluntária da Associação Vaga Lume, da ABRAPS (Associação Brasileira dos Profissionais pelo Desenvolvimento Sustentável) e do Grupo de Humanização Todos Juntos Contra o Câncer. Coautora do livro *Voluntariado empresarial - estratégias para implantação de programas eficientes.* Fundadora e voluntária do Grupo de Estudos de Voluntariado Empresarial. Coordenou por 14 anos o Centro de Voluntariado de São Paulo. Graduada em Ciências Biomédicas pela Universidade Federal de São Paulo (Unifesp).

Silvia é uma daquelas pessoas que jamais costuram sem linha. Tudo o que ela faz fica muito bem costurado, com aquele arremate reforçado para não soltar fácil uma ponta da outra. E nossa convidada atua nas duas pontas: é voluntária desde sempre e é especialista na área de voluntariado, ajudando as OSCs a organizar de forma correta e eficaz seus voluntários. O amor e o profissionalismo com que Silvia faz essas duas coisas lhe dão autoridade natural para trabalhar com o que ela chama de "o melhor lado das pessoas", ou seja, o lado em que a pessoa se dispõe a doar um bem tão precioso quanto o tempo, além de seus talentos. Ela trata o voluntariado como uma ferramenta, então vamos aprender com Silvia como conseguir reter talentos voluntários nas organizações sociais. Vamos descobrir também neste capítulo quem ganha o quê na relação organização da sociedade civil/voluntário.

Voluntariado na agenda da família

"Para mim, foi muito natural enveredar para o caminho do voluntariado, pois voluntariar sempre fez parte do dia a dia da minha família. Meus avós paternos e maternos praticavam voluntariado. Tinha pai e avô médicos e me lembro de quando eles avisavam que iam chegar mais tarde em casa para prestar atendimento em associações filantrópicas e, juntos, participávamos das festas juninas e de outros eventos; o afeto que as pessoas de lá tinham pelo meu pai e meu avô era muito grande. Nós não tínhamos nenhum deficiente visual na família, no entanto, desde pequena eu me lembro da minha avó escrevendo em braile. Ela fazia voluntariado na Fundação do Livro do Cego no Brasil (Fundação Dorina Nowill) e a máquina de braile ficava na casa dela. Lembro que minha avó acompanhava os estudos de alunos do colégio e preparava as provas para auxiliar as professoras. Depois, vieram as impressoras em braile e ela seguiu

como voluntária num grupo de costura. Eu estudei em colégios que também organizavam atividades voluntárias. Naturalmente, acabei colocando o voluntariado na vida dos meus filhos também. Nós íamos voluntariar juntos em projetos, organizando festas no Dia das Crianças, no Natal. Então, o voluntariado era algo que estava na nossa agenda, como tanta coisa que a gente põe na lista de atividades em nossa vida: o esporte, o idioma, os passeios etc."

Um setor em transformação

No final dos anos 1990, quando Silvia enveredou para a área técnica do voluntariado como coordenadora do Centro de Voluntariado de São Paulo, o Terceiro Setor estava em plena ebulição e transformação. Foi elaborado o primeiro Marco Regulatório, promulgadas a Lei do Voluntariado em 1998, a das OSCIP – Organizações da Sociedade Civil de Interesse Público, e estava começando a se falar sobre responsabilidade social no mundo corporativo. Um desafio que ela enfrentou, venceu e que lhe rendeu um aprendizado sem preço.

"Atuei no Fundo de Solidariedade do Estado de SP, numa área técnica, coordenando equipes. Fiquei três anos no FUSSESP e foi minha grande escola de aprendizado sobre gestão de pessoas, coordenação de voluntários e aspectos jurídicos e administrativos nos órgãos públicos e nas organizações. Sou muito grata às assistentes sociais que faziam parte da minha equipe, porque elas foram minhas grandes mestras, já que tinham vasta experiência numa rede enorme do Estado e numa época de mudanças significativas no Terceiro Setor.

Quando saí de lá, fui chamada para coordenar o Centro de Voluntariado de São Paulo, onde respirei voluntariado durante 14 anos. Minha contratação se deu justamente por causa da experiência que adquiri no relacionamento com as organizações da sociedade civil nos mais de 640 municípios do Estado. Mas não somente isso. Eu cheguei muito mais madura ao Centro de Voluntariado porque, nesse meio tempo, fiz cursos para me aprimorar, já que a profissionalização no Terceiro Setor exige que você esteja muito atualizado, dadas as várias mudanças nas áreas jurídica, contábil, de governança, enfim, é um setor em constante movimento."

Voluntária sempre!

Silvia Naccache se especializou no gerenciamento e gestão dos programas de voluntariado, seja no espaço público, nas organizações da sociedade civil ou nos programas de voluntariado empresarial. Em 2017, ela deixa o Centro de Voluntariado para seguir carreira solo de consultora nessa mesma área. Mas em toda a sua caminhada e até hoje, Silvia é voluntária de carteirinha. Além das OSCs e grupos de estudos já citados em seu currículo, ela doa seu tempo para apoiar no gerenciamento do programa de voluntariado do Instituto Remo meu Rumo, organização de pessoas com deficiência que remam na Raia Olímpica da USP. *"Tenho muitos projetos de voluntariado transitando nas áreas da educação, saúde, garantia de direitos e desenvolvimento sustentável. Gosto dessa diversidade na atuação, pois além de ser uma forma de doar o meu conhecimento e minha experiência, é também uma forma de aprender com essa vivência em áreas diversas."*

Voluntariado, responsabilidade e protagonismo cívico

O que o voluntário deve saber antes de assumir um trabalho na organização social?

"A primeira coisa é saber o que é ser voluntário. O voluntário é aquele que doa tempo, trabalho, talento e energia de maneira absolutamente espontânea, sem contrapartida de nenhum benefício e, sem dúvida, movido pela solidariedade, pelo amor e pelo cuidado com o ser humano, e também pela possibilidade cívica de participar da sociedade que ele quer ver melhor para esta e para as gerações futuras. Quem viveu momentos de opressão sabe o quanto é importante ter a liberdade de participar ativamente da construção de uma sociedade mais igualitária, colocando o papel de cidadão no patamar de protagonista que ele merece.

A organização da sociedade civil precisa verificar se realmente o candidato tem noção da relevância do voluntariado. Cabe à organização questioná-lo se ele está se voluntariando de forma realmente espontânea, tendo ciência de que não será remunerado. Há processos a seguir e tem que haver responsabilidade dos dois lados nesse relacionamento. Eu diria que a OSC tem uma responsabilidade maior, porque quando convidamos alguém para a nossa casa, para se juntar a nós, temos que acolher e orientar. Questões importantes devem ser alinhadas e bem observadas na hora de receber um voluntário."

Não vá à hamburgueria em busca de sushi

Essa é uma metáfora perfeita de Silvia Naccache para explicar que voluntário não é tudo igual. Há uns que são bem-sucedidos em uma função e outros em outras. Diante disso, a OSC deve ter o compromisso de ser muito clara e objetiva na hora de apresentar o seu cardápio de atividades voluntárias. Simples assim. Acompanhe o raciocínio.

"Há mais de 25 anos, quando eu comecei a atuar no voluntariado, nós generalizávamos dizendo 'o voluntário', captávamos voluntários e íamos em frente. Hoje, temos um olhar muito mais direcionado e alinhado às expectativas das organizações. Nós já sabemos que existe o voluntário que deverá ser recrutado para um projeto mais curto, com começo, meio e fim. Outro perfil de voluntário é aquela pessoa que quer destinar mais tempo, de maneira contínua, em uma tarefa fixa, uma vez por semana, por exemplo, durante o ano todo. E aqueles que darão excelentes resultados em uma ação pontual: um evento, uma situação emergencial.

Há diversidade de perfis, então, a OSC tem que investir na sua gestão de programa de voluntariado, deve saber muito claramente o que ela espera do voluntário, descrever com detalhes qual é a expectativa dela; assim, quando mostrar o escopo de trabalho ao voluntário, ele saberá se é para ele ou não. Portanto, repito, o compromisso e comprometimento da organização é maior na retenção de seus voluntários, pois, se não seguir processos e não alinhar expectativas, aceitará um voluntário sem dizer a ele o que a organização precisa e o que espera dele de fato.

Não adianta eu chegar numa hamburgueria e pedir um sushi. Eles podem até me oferecer um hambúrguer de peixe, mas nunca vão poder me servir um sushi (risos). É mais ou menos isso o que faz uma

OSC quando não mostra com transparência e clareza as tarefas que o voluntário desenvolverá.

É preciso apresentarmos um cardápio muito bem explicado. Só se deve integrar um voluntário à equipe depois de um processo de alinhamento de processos e perspectivas: nível de comprometimento desejado, a gratuidade, as habilidades exigidas e a disponibilidade de cumprir a carga horária necessária, entre outras. A OSC tem que observar inclusive se o candidato que quer se voluntariar tem os valores coincidentes com os da organização. Conferir esses pontos de atenção na hora de recrutar é de inteira responsabilidade da organização."

As formalidades

As formalidades para o recrutamento dos voluntários existem e são benéficas tanto para as organizações sociais quanto para os voluntários, resultando num compromisso mais duradouro entre as partes.

"Às vezes, o voluntário pode se assustar com as formalidades, mas são necessárias para firmar o compromisso e, ao mesmo tempo, servem como um reconhecimento de que o voluntário é importante dentro da OSC, que ele tem um valor e que a presença dele é estimada e respeitada. Essa formalização acontece por meio do Termo de Adesão ao Serviço Voluntário, previsto na lei que regulamenta o voluntariado no Brasil (Lei 9.608/1998). Lei de 1998, atualizada em 2016 e atualmente em fase de revisão. A lei traz alguns pontos de atenção: a espontaneidade e gratuidade do voluntariado, a questão de não haver contrapartida e onde a atividade voluntária pode ser exercida: em entidades públicas

ou privadas sem fins lucrativos. Há ainda uma outra observação, que diz respeito à permissão do ressarcimento de despesas. Explicando: o voluntário jamais recebe pela tarefa que realiza, mas ele pode ser ressarcido por despesas que sua atividade voluntária pode causar, como materiais que ele vai usar no voluntariado, alimentação, deslocamento etc. O ressarcimento acontece mediante um acordo entre as partes, entre o coordenador do programa de voluntariado e o voluntário. O Brasil reconhece contabilmente nas OSC o voluntariado: ou seja, horas voluntárias recebidas pelas OSC são valoradas. Tempo doado é transformado em valor monetário e declarado nos documentos contábeis da OSC, assim como são declaradas as doações de recursos materiais e financeiros.

Tudo deve ser explicado para o voluntário: direitos, deveres, ferramentas usadas para monitoramento, supervisão, avaliação. Deve se planejar uma excelente comunicação para recrutar voluntários e para fidelizá-los. Portanto, não é assim: voluntário bateu na porta e já entrou para a OSC. É preciso criar processos de gestão de programas de voluntariado: desde o planejamento, recrutamento, seleção, orientação, treinamento, integração, supervisão, monitoramento, reconhecimento e até desligamento, se necessário."

Um bem precioso

"O voluntário doa seu bem mais precioso, que é o tempo. Isso ninguém vai devolver para ele. Ele prioriza um tempo da sua vida para o voluntariado, dentre todas as outras coisas, como estar com a família, com amigos, fazer atividade física, aula de idiomas, hobbies, lazer,

trabalho, estudo, viagem... É uma entrega das mais nobres. Ninguém tem tempo sobrando, é uma escolha feita com o coração, a emoção e ainda com a razão e o comprometimento.

As organizações sociais devem olhar essa entrega com muito respeito e gerenciar esse patrimônio recebido com muito zelo, reconhecer, agradecer, celebrar e, além disso, compartilhar o resultado. O voluntário quer saber o que a organização está fazendo com o tempo que ele oferece, com as atividades que ele realiza e se está transformando e impactando a sociedade. Ainda temos que aprimorar e valorizar o voluntariado em nosso país!"

Não há contraindicação

Silvia Naccache coloca a caridade e o voluntariado no mesmo patamar. Ela explica que a caridade, a filantropia e o voluntariado tratam sobre o ato de doar aos outros ou a causas e projetos, por meio de uma contribuição espontânea de recursos materiais, de dinheiro, talentos e/ou tempo. Todas as três práticas de doação são fatores-chave no desenvolvimento de comunidades e melhoria da vida das pessoas e da sociedade no mundo inteiro; são uma maneira de demonstrar a compaixão e a empatia.

"Quando fazemos as grandes pesquisas de motivação do trabalho voluntário, ajudar e cuidar do outro aparecem em primeiro lugar, porque essa característica do cuidado com o próximo é do ser humano. Ele é movido por isso: olhar de cuidado com o outro, com a natureza, com o mundo. E o voluntariado é a ferramenta para exercer

esse cuidado, uma ferramenta que pode ser usada por qualquer um, sem distinção. Conheci uma pessoa com Síndrome de Down que foi voluntária durante muitos anos na recepção de um museu em São Paulo, com a tarefa de guardar as bolsas, sacolas etc. Foi sempre extremamente disciplinada e comprometida. Não há contraindicação para se voluntariar. Em 2020, minha mãe, com 87 anos, trabalhou numa grande ação de voluntariado organizada pela minha irmã, com a incumbência de ajudar na contagem e triagem de materiais de higiene arrecadados para doação. O voluntariado é para todo mundo e é reconhecido no mundo inteiro."

Ganha-ganha

"Ninguém perde com o voluntariado, pelo contrário, todos ganham.

Ganha a organização, com seu projeto e causa, pois recebe mais visibilidade e conquista um aliado importante que pode até trazer novas formas de fazer um trabalho.

Ganha quem fomenta, quem chama para o voluntariado. As empresas, por exemplo, ganham na sua relação com a comunidade, na identidade dos seus colaboradores por entenderem que a empresa onde trabalham vai além dos seus negócios, tem propósitos e pratica seus valores.

Ganham as universidades e escolas que acreditam no papel transformador da educação e formam cidadãos conscientes de que são agentes transformadores na sociedade. Nós só vamos mudar o mundo mudando as pessoas.

Ganha a sociedade, que se torna mais justa, mais inclusiva, promotora de melhor qualidade de vida e de um ambiente mais saudável para todos.

E, obviamente, ganha o voluntário, que desenvolve talentos e habilidades que muitas vezes no dia a dia nem teria como desenvolver, além do bem-estar físico que ele experimenta, porque fazer o bem faz bem. É um privilégio poder retribuir à sociedade tudo que recebemos."

Mais voluntários ou mais funcionários?

"A OSC precisa ter um equilíbrio na destinação de seus recursos, decidindo com eficiência e transparência quanto será destinado às atividades e sustentabilidade de seus projetos. Voluntários e funcionários não são excludentes. O equilíbrio e o bom senso são fundamentais na hora do planejamento. Portanto, o mapeamento e o monitoramento da aplicação de seus recursos devem ser estratégicos, e a governança e formação de equipes são peças-chave no sucesso de uma organização social."

A importante contribuição do voluntariado empresarial

"As empresas podem ser facilitadoras do recrutamento de voluntários, já que os colaboradores estão todos reunidos num mesmo lugar. Hoje, a grande maioria das empresas tem programas de voluntariado e, com isso, mobiliza o seu bem mais precioso, que é o seu capital humano, seus colaboradores para práticas voluntárias, organizadas, planejadas e muito bem estruturadas. Voluntariado é oportunidade de olhar para o território onde a empresa está inserida, a causa que

quer abraçar, amplia e valida o investimento social, e oferece a possibilidade de participação cívica e cidadã para seus colaboradores."

Para obter informações sobre voluntariado empresarial, acesse https://www.voluntariadoempresarial.org.br

CAPÍTULO 4:
NÃO DÁ PARA SER McDONALD'S

Convidada: Anna Carolina Abdo, que foi coordenadora do voluntariado no Hospital do Amor por três anos. Anna é formada em Psicologia, tendo trabalhado na Fundação Casa e em um hospital psiquiátrico, adquirindo bastante experiência com populações vulneráveis. Em sua caminhada de vida, foi convidada para coordenar o projeto social de um frigorífico no Pará, onde atuou por dois anos e teve a oportunidade de criar ações em prol das comunidades ribeirinhas da região amazônica. Ela iniciou seu trabalho no Hospital de Amor em 2018 e atuou como coordenadora do Instituto Sociocultural da instituição.

O Hospital de Amor – uma história que salva vidas

A história da formação do hospital que oferece tratamento gratuito a portadores de câncer começou lá nos anos 1960, quando a instituição de saúde filantrópica se chamava São Judas Tadeu. O Hospital do Câncer de Barretos tornou-se Hospital de Amor em 2017, simplesmente assumindo o apelido pelo qual já era conhecido. Hoje, realiza 6.000 atendimentos/dia, acolhendo pacientes de todo o Brasil, com profissionalismo e humanização, o grande diferencial da instituição reconhecida internacionalmente. A entidade mantenedora do hospital, Fundação Pio XII, também administra centros de saúde não oncológicos na cidade de Barretos (SP).

Anna Abdo montou um projeto piloto para o voluntariado na unidade infantojuvenil do gigantesco complexo hospitalar de Barretos do Hospital de Amor. A ideia era começar nessa área específica e replicar o modelo de padronização das práticas e processos do voluntariado nas outras unidades espalhadas pelo Brasil. A pandemia retardou seus planos, mas os avanços foram muitos nos seus três anos de atuação. Ela confessa que começou seu trabalho com a intenção de fazer uma "padronização de franquia" nessa área nevrálgica, mas descobriu que isso é algo impossível.

"A ideia, quando eu entrei no Hospital de Amor, era fazer a gestão e profissionalizar o voluntariado. Eu já conhecia a estatura dessa instituição, que tem uma história linda de voluntariado e de solidariedade. Mas como tudo que existe há muito tempo, sentiu-se a necessidade de repensar e renovar algumas áreas do hospital, entre elas, a do voluntariado. Isso porque tudo que era relacionado a voluntários foi acontecendo ao longo dos anos de forma muito intuitiva, sem muito processo, simplesmente todos se mobilizavam e faziam a área funcionar. No entanto, era preciso criar uma forma de organizar o trabalho voluntário, que é uma das bases de sustentação do hospital. Começamos do zero, com o auxílio de uma consultoria, que nos atualizou sobre o universo que envolve os voluntários, para que pudéssemos decidir a melhor maneira de desenvolver nossas ações."

O hospital tem 11 unidades em diversos municípios, reúne quase 400 médicos e cerca de 5.000 funcionários. Quanto ao número total de voluntários, é impossível dizer ao certo. Por isso, ao assumir a tarefa de coordenar essa área, Anna logo percebeu a necessidade de partir de um projeto piloto. Os 35 voluntários do primeiro grupo foram recrutados para desenvolver diversas atividades administrativas e sociais junto aos pacientes em tratamento e seus familiares.

"Não dava para 'chegar chegando' com tudo e fazer a uniformização de todo o voluntariado, com certeza, teríamos dificuldade em trazer regras, normas e um direcionamento abrupto sem antes estabelecer um diálogo. Então, começamos na unidade infantojuvenil, que tinha uma demanda importante de voluntários capacitados. As crianças internadas requerem muitos cuidados e protocolos rígidos, dada sua baixa imunidade, e todas as ações devem ser feitas com muito preparo e rigor; além disso, o estabelecimento do vínculo com todos os que têm acesso a esses pacientes precisa ser conduzido com muito respeito e responsabilidade. Não que em outras áreas isso não aconteça, mas a fragilidade das crianças e a vulnerabilidade emocional dos pais requerem todos os cuidados em dobro. Era preciso criar processos urgentemente. Seguindo os conselhos de Silvia Naccache, nossa consultora, primeiro fizemos um esforço para compreender qual era a demanda de voluntários que cada setor apresentava, que tipo de voluntários precisávamos, afinal. Fomos de ala em ala para obter essas respostas das equipes. Depois da pesquisa, começamos a desenhar nosso plano de ação juntos."

Depois dessa primeira análise minuciosa e personalizada, Anna e sua equipe partiram para a seleção de voluntários. A formação de psicóloga foi de extrema importância nessa fase de recrutamento. Durante a visita dos candidatos, Anna tentava apreender em que departamento cada potencial voluntário poderia se enquadrar. Os escolhidos eram levados para fazer um *tour* pelo hospital antes de confirmar seu sim, a fim de que eles pudessem assimilar se teriam forças para atuar num local permeado de histórias dramáticas e comoventes. A última etapa desse processo de introdução dos voluntários ao hospital era a participação em uma palestra, que também é usada para formar multiplicadores de informações importantes sobre a prevenção do câncer.

"Buscamos ter uma equipe de voluntários focada nos processos. Meu principal objetivo era convencê-los de que quem quer ser voluntário tem que entender do que a causa precisa, tem que ser humilde e generoso a ponto de dizer: 'O que você precisa que eu faça neste lugar?' Eu ficava muito feliz quando conseguia virar a chavinha na cabeça do voluntário e fazê-lo entender o quanto ele era necessário e importante para o hospital, desde que estivesse despido de qualquer ideia preestabelecida e disponível para fazer o trabalho que ele foi recrutado para fazer. Essa mudança de paradigma é um grande passo que cada voluntário tem que dar, estando consciente de sua entrega."

Já teve decepções com algum voluntário?
"Sim. Alguns passaram por cima da orientação de não prometer às crianças internadas o que não poderiam cumprir. E criança não

esquece! Quando esse comportamento vem à tona, minha primeira atitude é ter uma boa conversa com o voluntário. Depois disso, há aqueles que percebem não estar no lugar certo e saem espontaneamente, mas se for preciso, temos que dispensar os serviços da pessoa que não cumpre o compromisso firmado. Existe um olhar da sociedade de que é difícil exigir de alguém que não está sendo remunerado para fazer um trabalho, mas o voluntário vem em busca de algo, que não é o dinheiro, e que nós entregamos, ou seja, a possibilidade de atuar com um trabalho gratuito no lugar que ele mesmo escolheu."

Voluntários fiéis

O Hospital de Amor conta com voluntários que abraçaram a causa há mais de 30 anos! Eles estão especialmente à frente de uma forma de captação de recursos que mobiliza grande parte dos municípios brasileiros: os leilões.

"Os leilões são uma forma peculiar de captação no hospital. Os coordenadores de leilões ficam espalhados pelo Brasil inteiro; são mais de 900. Eles mobilizam as cidades onde moram fazendo leilões de boi, cabrito, abóbora. Tem uma história emblemática sobre o leilão de uma abóbora que rendeu 12 mil reais ao hospital, porque as pessoas compravam e devolviam para leiloar de novo. Além de conseguir recursos importantes para a instituição, eles criam momentos muito divertidos. Em 2019, esses voluntários organizaram leilões todos os dias do ano. Além deles, temos os coordenadores da caminhada 'Passos que Salvam', uma mobilização pela conscientização da importância do

diagnóstico precoce do câncer infantil. Em 2019, foram 600 cidades caminhando juntas pela campanha. São várias ações robustas que vão acontecendo ao longo do ano e é por isso que não dá para precisar o número exato de voluntários. A ideia sempre foi conseguir pensar em um processo para todo esse voluntariado, para conseguirmos saber o tamanho desse amor, disponibilidade e desapego, com métricas específicas, mas a pandemia dificultou esse trabalho."

Ponto primordial para um voluntário do Hospital de Amor

"O que é regra comum é cabelo preso, jaleco e o cumprimento do horário. Isso é o básico. No entanto, há um ponto crucial relativo ao comportamento do voluntário. Eu reforço sempre com todos que não podemos julgar as pessoas: mães, pais, a família. É muito fácil julgar e condenar a mãe que não dá atenção para o filho doente, que bebe, que abandona a criança para ir passear. Convivemos diariamente com histórias assim. Diante disso, há voluntários que não se conformam e, de alguma forma, sentem o impulso de punir essa mãe.

Por essas e outras, não abro mão de acompanhar o trabalho do voluntariado e suscitar o desenvolvimento da empatia. Eu gosto muito de dizer: 'Calce os sapatos das pessoas, coloque-se no lugar do outro', porque nós trabalhamos com uma população muito vulnerável, atendemos inclusive refugiados, que têm uma marca de sofrimento no coração causada não somente pela doença. Às vezes, o câncer foi a tábua de salvação daquela pessoa, porque ela estava num nível de vulnerabilidade tão grande que poder ficar numa das 500 vagas de alojamento do Hospital de Amor, com benefícios sociais, é de grande *ajuda para ela e a família. Portanto, esse é um requisito básico: o voluntário saber que está aqui para servir e não para entrar no mérito se a família da criança internada está ou não agindo da forma correta. Reforço copiosamente que, se o voluntário vir algo de errado, deve conversar com a coordenação e, se for preciso, será acionado o serviço social, que pode até encaminhar o caso ao Conselho Tutelar. Enfim, o voluntário tem que saber que ele não conhece a história de sofrimento das famílias. Quando acontecem casos assim, que desarmonizam o ambiente, o próprio voluntário acaba descobrindo algo nele que precisa ser transformado e amadurece em sua caminhada. Eu admiro o voluntário que propõe uma mudança, que pega na mão e diz 'eu vou te ajudar', um voluntário que se sente agente transformador de vidas. O que não pode é extrapolar suas funções sem direcionar os problemas para a coordenação da área e querendo agir sozinho."*

Como foi estipulada a carga horária dos voluntários?

"Eu não tenho exigência de horário. Ele pode ficar 1 hora ou 8 horas. Só exijo que o horário que ficou combinado seja cumprido. O voluntário não pode ficar no hospital nem mais nem menos do que o horário estipulado, pois ele não bate ponto, só assina manualmente a entrada, e precisamos ter o controle de quem está ou não no hospital por questões de segurança. Além disso, o voluntário deve permanecer no lugar ao qual ele foi designado, não pode decidir 'colaborar' em outras tarefas, a não ser que uma ação pontual tenha sido acordada. O voluntariado não pode ser tratado de qualquer jeito, nem pelo voluntário nem pela instituição."

O voluntariado do acolhimento, um case de sucesso

"O grupo de voluntários do 'Acolhimento de Primeira Vez' faz um trabalho maravilhoso no hospital. As famílias vêm de muito longe e, apesar de Barretos ser uma cidade pequena, pode parecer gigantesca dependendo da cidade de origem delas, e todas ficam meio perdidas. Então, quando o paciente e sua família chegam, recebem uma etiqueta de 'estou aqui pela primeira vez', e o voluntário acolhe essas pessoas, apresenta o hospital, toda sua história, fornece inclusive indicações de onde podem ficar durante o tratamento e orienta as famílias em relação a golpes que acontecem com certa frequência ao redor do hospital: são pessoas de má fé que aproveitam a vulnerabilidade dos familiares de pacientes para aplicar golpes financeiros. O voluntário alerta para que esses familiares não forneçam o cartão do banco a ninguém. São pequenas dicas, mas muito importantes. Temos de sete a dez pacientes chegando toda semana ao hospital e, antes da pandemia, havia um funcionário que ficava das 6h às 8h da manhã recebendo essas pessoas.

Há voluntários também nos centros cirúrgicos, que são incumbidos de ficar com a criança e a mãe ou acompanhante antes da cirurgia. É um momento muito delicado e tenso, que requer carinho e cuidado. As crianças que vão fazer cirurgia geralmente estão com fome e o voluntário tem que distraí-las. A mãe, por outro lado, fica mais aflita e mais angustiada ainda nessa hora e o voluntário que a acompanha é instruído a perguntar se a mãe quer a companhia dele até o término da cirurgia ou se prefere ficar só. Sem dúvida, esses voluntários têm que ser escolhidos a dedo."

Voluntariado dá para ser igual em todas as partes do mundo, padrão McDonald's?

"Não dá! Era o meu sonho, ainda mais que eu gosto de tudo certinho, mas não tem como; até porque o voluntariado tem uma questão interessante: cada um quer fazer um pouco do seu jeito, cada um quer imprimir um pouco do que é seu no que faz, e cada povo tem sua cultura, cada unidade do Brasil tem a sua demanda. Eu entrei muito querendo fazer uma 'padronização franqueada', no entanto, tive que amadurecer muito, muito mesmo nesse sentido. As pessoas são diferentes, não dá para exigir a mesma coisa de todas: as contrapartidas são diferentes, a conversa é diferente e a entrega também. A gestão de pessoas vai na linha de compreender onde cada voluntário vai ser mais produtivo. É importante ter olho no olho e acompanhamento constante do trabalho realizado. Quando se trabalha com esse Pro Bono que é o amor, que é a entrega, se trabalha muito com aquilo que é intuitivo, que é de doação. É diferente de você dizer 'segue o processo e quando acabar está dispensado', pois é outro tipo de valor. Acredito ser importante que os voluntários passem por fases, para que suas habilidades sejam direcionadas para o bem dos beneficiários do hospital ou de qualquer outra instituição. As fases indicariam o crescimento da pessoa no trabalho voluntário e penso que esse é um grande incentivo para o aprimoramento de todos."

As pessoas interessadas em fazer parte do quadro de voluntário do Hospital de Amor podem escrever para o e-mail: projetossociais@hcancerbarretos.com.br

CAPÍTULO 5:
Minha experiência - O papel de cada um
por Marcia Bortolanza

Conto a vocês agora como minha caminhada com o olhar atento aos mais vulneráveis começou.

Fui agraciada por nascer em uma família que me ensinou desde cedo o amor ao próximo e a fazer sempre a minha parte para ajudar os que necessitam. Eu me lembro bem de quantos trabalhos voluntários minha mãe e meu pai faziam sem medir esforços. Primeiro, no entorno da Paróquia Nossa Senhora do Perpétuo Socorro, em Belém (PA); depois, em várias paróquias próximas de casa, quando nos mudamos para uma outra cidade da região metropolitana. O que dava gosto de ver, além da alegria e do alívio das pessoas que recebiam as marmitas, as roupas e toda a sorte de produtos de primeira necessidade, era a expressão de realização e júbilo no rosto dos meus pais. Parece que voltavam para casa com um ânimo renovado para cuidar da família. Eles faziam parte da equipe do ECC (Encontro de Casais com Cristo), um serviço da Igreja em favor da evangelização das famílias, e conheceram pessoalmente o idealizador desse serviço, padre Alfonso Pastore, durante um dos encontros nacionais realizados em Belém. Meus pais sempre estavam disponíveis e de braços abertos para receber em casa irmãos, sobrinhos, primos que necessitavam de algum apoio. Eles compreendiam de forma ampla sua missão de contribuir para melhorar a qualidade de vida e promover a dignidade de todos, especialmente dos moradores das comunidades vizinhas em situação de vulnerabilidade.

Aprendi em minha família a alegria do amor fraterno. Esse alicerce foi decisivo e delineou todas as decisões altruístas ao longo da minha trajetória. Assim, assimilei meu papel de cuidar das causas sociais desde a tenra idade, e minha motivação, em primeiro lugar, vem do vínculo com a religião católica, vem da minha fé e da esperança que tenho na transformação de pessoas e da sociedade a partir de ações solidárias.

A dedicação ao outro sempre tem espaço. Em 2020, quando a pandemia de coronavírus começou a assolar o Brasil, creio firmemente que aprendemos a dar importância ao que é essencial, a falar mais com Deus, e Ele nos ensinou a olhar mais para o próximo. Tivemos mais tempo para pôr ordem em nosso interior e acabamos percebendo que tínhamos lugar de sobra para sermos mais fraternos. Pelo menos foi essa sensação que tive, fazendo parte da diretoria voluntária da Rainha da Paz, uma organização da sociedade civil que cuida hoje de mais de 400 adultos e crianças com deficiências múltiplas e em situação de vulnerabilidade. É uma instituição de fundamental importância para as famílias que têm filhos com deficiência e não encontram tratamento contínuo e de qualidade na rede pública de saúde. A OSC foi fundada em 2001 e sempre estendeu seus cuidados às famílias das crianças, jovens e adultos, que atende gratuitamente com terapias, atividades e programas socioassistenciais.

Como foi lindo ver tantas mãos se entrelaçando para ajudar não só nossas crianças, mas famílias inteiras e até seus vizinhos na pandemia! Quantos estiveram em unidade conosco nestes tempos difíceis! A gratidão foi do tamanho do amor impregnado nas ações de cada um dos nossos apoiadores. Conseguimos arrecadar tantos mantimentos, roupas, cobertores, produtos de limpeza, colchões e outros materiais, que ficamos surpresos. Naquele período, nós, dirigentes voluntários da instituição, chegamos a ficar aflitos, pois os eventos que garantiam o fluxo da captação de recursos tiveram que ser cancelados e houve uma queda de 35% na receita. Mas com tanta gente abraçando a causa, a solidariedade se espalhou e produziu frutos de caridade: contribuímos, inclusive, com entidades de moradores de rua e catadores de latas, abrangendo várias cidades do entorno da OSC.

Duplas sertanejas que tinham feito shows beneficentes para a organização também arrecadaram doações em suas *lives*. E nós mesmos preparamos uma *live* com a participação de pessoas que usam para o bem seus perfis famosos e colaboram incessantemente com a causa. Foi um dia realmente especial em que me lembro do brilho nos olhos de todos que fizeram a *live* acontecer, para o bom andamento da entidade e para ver os sorrisos das crianças se multiplicarem. Essa campanha ganhou o nome de #ligadospelocoração e surgiu da necessidade de sensibilizar as pessoas para o fato de que a entidade, mesmo não atendendo em sua sede em decorrência da pandemia, continuava fazendo teleatendimentos e precisava continuamente cumprir sua missão junto às famílias, ainda mais num momento delicado em que muitos se sentiram sozinhos e abandonados. A resposta da sociedade foi imediata! Empresas, condomínios, a comunidade onde a instituição está instalada... todos ajudaram. Nessas oportunidades que fazem nosso coração se encher de gratidão, vemos que tudo vale muito a pena no Terceiro Setor.

Sou casada, mãe de dois filhos e sempre busquei me aprimorar. Trabalhei primeiro como contadora na empresa da família e depois como psicóloga. Mas a rotina diária nunca sufocou meu desejo de guardar um pouco de tempo para ajudar nas campanhas da minha paróquia com mantimentos, recursos financeiros, engajamento etc.

Em São Paulo, em 1989, meu marido e eu abrimos nossa empresa de alimentação – nos instalamos no tradicional bairro do Brás, e como vimos de perto a situação dos moradores de rua na zona cerealista paulistana! Sempre destinávamos um percentual da produção para as necessidades das paróquias e seus projetos de auxílio aos mais vulneráveis, e para a realização de ações sociais como as que acontecem até hoje na festa de São Vito Mártir. A empresa cresceu, mudamos de bairro e, no Alto da Lapa, fomos capazes de ampliar as doações financeiras e de alimentos para várias paróquias e instituições do entorno.

Quando meu pai adoeceu, fiquei dois anos e meio cuidando dele em tempo integral, e depois desse período, a empresa familiar já estava totalmente organizada com profissionais trabalhando em todas as frentes; sendo assim, eu pude realizar meu sonho de fazer o curso de Psicologia. Depois de formada, dei mais um passo na realização de ações sociais e atuei como voluntária em organizações que cuidavam de dependentes químicos, além de fazer atendimentos gratuitos durante quatro anos na ala de oncologia de um hospital de referência em São Paulo.

Minha história com as OSCs só começou quando viemos morar num bairro da Grande São Paulo e tive a graça de me engajar no projeto social mantido pela paróquia que frequento. Com entusiasmo sempre renovado, participava de todas as ações que visavam angariar fundos para ajudar a paróquia. Eu e meu marido também nos engajamos no ECC e, com o tempo, fiz parte da Pastoral de Eventos, trabalhando nas festas juninas e eventos diversos. Paralelo a esse voluntariado, tive a ideia de promover jantares em casa com renda revertida para a instituição na qual me tornaria mais tarde diretora voluntária. Como agradeço a meu círculo de amigos na região onde moro e no meio empresarial! Nunca tive receio nem vergonha de pedir essa ajuda tão necessária para a continuidade dos atendimentos da organização, que faz um trabalho de excelência, tendo como alicerces profissionalismo, idoneidade e transparência irrepreensíveis. Sempre compreendi que no Terceiro Setor tudo depende da causa que você defende e da retidão da organização que você decide apoiar. A escolha acertada nos leva a trabalhar sempre mais e melhor.

Como creio na Providência Divina, penso que foi justamente esse trabalho de promoção de eventos para angariar fundos como Pessoa Física para essa OSC que me levou a alçar voos mais altos no Terceiro Setor.

Agradeço a Deus quando olho para trás e penso no momento em que dei meu sim ao convite do presidente da organização e do pároco, para assumir a pasta importante que estava sendo criada: a diretoria de comunicação, marketing e captação de recursos. O friozinho na barriga logo deu lugar a uma força que me invadiu e impulsionou a me colocar a serviço daquela casa e de seus assistidos. Foi muito gratificante perceber que as pessoas olharam com carinho para as ações que eu fazia na área de eventos, valorizando minha vocação para organizar e tornar os momentos de confraternização atrativos. Compreendendo meu papel, cheguei ao meu sim de forma plena, o que considero um divisor de águas, pois foi quando eu comecei a navegar em águas mais profundas no Terceiro

Setor. Na hora que recebi o convite, eu não tinha ideia do que era exatamente aquele trabalho, de toda a dimensão de ser diretora voluntária de uma OSC, ainda mais em um setor central como este. Dizem, e eu concordo, que o setor de captação de recursos é o coração da instituição. Sim, sem dinheiro, a OSC não sobrevive, mas precisa que todos os outros órgãos funcionem bem: o pulmão, o fígado... Uma boa captação não pode prescindir de um administrativo e um financeiro fortes e bem estruturados para que os recursos sejam bem administrados e aplicados onde a instituição precisa.

Uma orquestra harmônica

Cada instrumento tem que dar a nota certa no momento certo para a orquestra ser harmônica. Quando assumi o cargo como voluntária na diretoria, em um primeiro momento, eu me senti um peixe fora d'água, pois entendia de gestão empresarial, mas não de captação de recursos. Comecei a ler muito sobre o assunto, fiz um dos cursos do Programa de Capacitação em Gestão para Organizações e Empreendedores Sociais na FIA (Fundação Instituto de Administração), com disciplinas como estratégia, planejamento de projetos, técnicas de comunicação, captação de recursos e marco legal; e assim meu conhecimento foi sendo ampliado. Além disso, participei de inúmeros seminários e palestras numa busca intensa por conhecimento nesta área. Descobri que desconhecia a vastidão das OSCs, não tinha ideia de quão grande é o ecossistema do Terceiro Setor e a grande oferta de cursos de aprimoramento que foi se ampliando particularmente na última década. Só não vai buscar conhecimento quem não quer. Sem essa especialização, tenho certeza de que seria difícil ajudar de forma efetiva a engrenagem da organização em que me engajei.

Minha pasta procurou se alinhar a todos os outros setores para saber como a OSC funcionava e como lidava com os recursos recebidos. É uma orquestra onde não pode ter descompasso, uma coisa tem que estar alinhada à outra.

Fui me dando conta de que os eventos que eu fazia antes como Pessoa Física para ajudar a entidade agora se transformavam em eventos maiores, com artistas famosos que também queriam fazer o bem. Tive a honra de conduzir a montagem de shows com muitos cantores e duplas sertanejas, além do desenvolvimento das ações de marketing e arrecadação. Esses eventos são sempre muito importantes para a saúde financeira das organizações sociais, já que, durante os shows, muitos espectadores tornam-se apoiadores da causa e alavancam a arrecadação. Costumo dizer que os shows são como uma pedrinha que, jogada na água, ressoa e multiplica as ondas. Logo no primeiro espetáculo montado na minha gestão, senti que acendeu uma luzinha de que eu poderia ampliar essas ações e produzir shows com mais frequência.

São várias as ramificações da captação de recursos, mas essa forma se mostrou muito eficaz. Assim, voltei minhas baterias para uma mobilização mais intensa junto aos produtores de eventos, sendo que meus contatos pessoais anteriores me ajudaram muito nisso. Busquei parceiros na área de shows com artistas sertanejos e, ao longo dos anos, foi fundamental ter amigos com quem pude contar, bons relacionamentos com pessoas íntegras e que realmente abraçam a causa e não visam somente benefícios próprios. Toda essa vivência me leva a acreditar que a história da pessoa que está na instituição num cargo-chave é relevante, pois pode ampliar os apoiadores da OSC. Mesmo assim, tive muitas portas que se fecharam e batalhas árduas para consolidar parcerias: com prefeituras, artistas, empresários, no fomento de emendas parlamentares etc. E o que mais atraía os parceiros, além da causa, era a idoneidade dos gestores e a transparência na gestão dos recursos, justamente o ponto nefrálgico de muitas organizações. As OSCs precisam cumprir fielmente sua missão e agir conforme a visão e os valores que estão em sua origem. Isso é o mais importante!

Minha caminhada como diretora voluntária de uma OSC

Comecei como diretora da pasta de comunicação, marketing e captação de recursos em 2017, permanecendo quatro anos. A força de trabalhar arduamente para aumentar o impacto da OSC na região em que está instalada veio do meu propósito de dedicação e compromisso. Se você está à frente de algo, precisa dar o seu melhor para que as coisas aconteçam. Só vejo este trabalho assim, como uma jornada norteada pelo comprometimento incondicional. E digo a vocês que, neste tempo de serviço voluntário, eu me senti realizada. É claro que o sucesso de qualquer trabalho vem de um conjunto de fatores. Cheguei à organização quando já havia uma coordenação no setor e foi preciso entrosamento e ajustes para conquistar a confiança e o apoio da equipe. Havia vários braços que estavam muito soltos e a diretoria veio para dar uma visão sistêmica à captação. Mas quando se tem boa vontade e disposição, as coisas vão fluindo naturalmente. Não digo que foi fácil esse caminho, mas a doação de tempo para algo em que você acredita faz muito bem, não tenho dúvidas quanto a isso.

Sem cessar, eu trabalhava para trazer voluntários e doadores para a instituição. Eu sempre direcionava as pessoas para doarem tempo ou dinheiro, para se engajarem de alguma forma na OSC, e sempre busquei parceiros fortes. Afinal, a organização tem que fechar as contas no final de cada mês, e precisa de recursos para revitalizar espaços, fazer reformas e adquirir equipamento para os atendimentos que cresceram substancialmente em 20 anos. É um leão por dia!

Quando eu via que a pessoa estava se esquivando de mim, eu dizia: 'Mas você pode trabalhar de outra forma, sendo voluntário, trabalhando em algum projeto...' No fundo, sei que estava ajudando a própria pessoa, pois a generosidade é uma via de mão dupla. Sempre procurei inspirar pessoas para serem solidárias, para fazerem o bem. Há tantas formas de ajudar várias instituições, e as pessoas, não sei se por falta de informação ou preguiça, ou porque não querem nenhum compromisso, ficam sem se colocar a serviço. Há pessoas que têm até boa vontade, mas ficam só nisso.

Meus interlocutores no trabalho *face to face* eram meus amigos. Sempre tive liberdade para fazer a abordagem no intuito de conseguir doações: 'Compre uma rifa, pegue uma sacolinha de Natal, compre uma mesa para o show...'. Foi dessa forma que eu comecei a atuar, mas eu precisava de outras fontes, de indicações de parceiros de outros patamares que poderiam ser apoiadores constantes. E, à medida que eu me aproximava das pessoas, sempre falava da instituição para que ela se tornasse mais conhecida e reconhecida pelo seu trabalho de excelência. Vesti a camisa mesmo, como faço em todas as minhas áreas de atuação. Digo isso porque acho importante essa postura para todos aqueles que pensam em atuar no Terceiro Setor. Com tantos altos e baixos, só com muita disposição e resiliência para receber os "nãos" e chegar aos "sim". Fico feliz em dizer que sou procurada até hoje por pessoas que querem saber os lugares certos para se engajarem, para doarem tempo ou dinheiro para alguma causa. Mas reforço: a OSC tem que se pautar pela seriedade e transparência para ser digna de ter apoiadores, doadores e voluntários realmente engajados.

Fico perplexa em ver que, em muitos casos, existe um organograma extenso nas OSCs maiores, mas poucos da diretoria voluntária aparecem nas dependências da organização, deixando tudo nas mãos de uns poucos coordenadores. Todos têm seu papel e têm que desempenhá-lo bem. As OSCs hoje funcionam com processos, planejamento estratégico, governança. O Terceiro Setor está caminhando para se organizar de forma consistente e deixar de lado os improvisos. Dessa forma, o comprometimento dos que se propõem a ajudar tem que ser consistente; não se pode usar a função do bem apenas como vitrine. A atividade consciente de um gestor de OSC é de fundamental importância e ele tem que se capacitar para atuar, afinal, este é um segmento superdinâmico em nossa sociedade hoje em dia.

Considero que, com a ajuda de várias mãos de dentro e de fora da organização, trabalhei para cumprir minha missão de forma digna e deixei um legado de melhorias, para propiciar a continuidade e o aperfeiçoamento dos serviços e da missão da entidade. O gestor tem que criar vínculos com todo o time para fortalecer e dar um rumo definido às ações, deve saber respeitar e reconhecer o trabalho de cada um para ter sucesso no que é prioritário: o atendimento às pessoas que são a finalidade da organização. Sem isso, não podemos ajudar ninguém nem levar adiante a causa que nos conduziu a um cargo de gestão.

Foram anos de um trabalho intenso, de muita dedicação e comprometimento, enfrentando adversidades, sim, afinal, a OSC vive de doações, e o esforço deve ser diário e incansável, mas com resultados sempre gratificantes. Graças a Deus e amparados por Nossa Senhora, construímos muitas parcerias importantes, avanços em nossos projetos socioassistenciais e melhorias em nossa sede.

Nesse momento grave de pandemia, foi desafiador estar à frente da diretoria de captação de recursos, comunicação e marketing. No entanto, a solidariedade e o olhar empático de tantos foram capazes de dar sustentação às nossas ações e até de superar as expectativas. Quando se trabalha com amor, as ideias surgem rapidamente e fomos capazes de levar carinho e atenção aos nossos assistidos mesmo à distância, com os teleatendimentos e monitoramentos.

À frente da diretoria, tive a alegria de ver a entidade figurar no *ranking* das 100 melhores ONGs do país por dois anos consecutivos, atestando sua confiabilidade perante os parceiros, a comunidade e a sociedade, pois a organização foi reconhecida por sua fibra ética e por suas boas práticas no país inteiro.

Daqui para frente

Uma nova jornada me espera. Agora, fora da diretoria voluntária dessa organização da qual tive a honra de participar – essa casa de amor permanecerá em meu coração e estará sempre em minhas orações –, estou nesse papel de entender melhor o Terceiro Setor e trabalhando em várias frentes, sem ligação oficial com OSCs. Quero ser facilitadora do recolhimento e distribuição de doações para organizações diversas com finalidades distintas. Uma das formas de otimizar a destinação de produtos de primeira necessidade é conseguir uma parceria com os fundos de solidariedade dos municípios. Essa atividade junto às prefeituras de municípios de São Paulo e de outros Estados teve início há muitos anos, bem antes do meu trabalho na diretoria voluntária de uma organização social. Creio que um passo consolida o outro e já estava bem claro para mim que o Terceiro Setor carece de uma gestão com princípios, ética e aperfeiçoamento constante, evitando a todo custo o amadorismo. Depois do trabalho na entidade, continuo sendo procurada para intermediar doações, mesmo não sendo mais gestora, pois, diante da seriedade dos contatos feitos anteriormente, os apoiadores sentem confiança e buscam minha opinião sobre o assunto.

Estou à frente da arrecadação e distribuição de cobertores, especialmente no período do inverno, e tenho sentido que esse trabalho solidário como Pessoa Física está fluindo bem e com bons resultados para as populações vulneráveis de várias cidades. Uso a sinergia com as instituições para facilitar o fluxo de doações, pois muitas pessoas não se sentem confortáveis em pôr a mão na massa para fazer chegar os produtos aos moradores de rua e bairros da periferia.

Assim, meu papel é de mobilizadora de recursos, pois não se trata apenas de doações financeiras, mas de doações de vários tipos: o gráfico "pizza" da modalidade de doações precisa estar em sintonia com a demanda das OSCs. Toda essa mobilização do bem me lembra algo simples, mas profundo, evidenciado no texto da Segunda Carta de São Paulo aos Coríntios, uma das primeiras comunidades cristãs: "Não se trata de vos colocar numa situação aflitiva para aliviar os outros; o que se deseja é que haja igualdade. Nas atuais circunstâncias, a vossa fartura supra a penúria deles e, por outro lado, o que eles têm em abundância venha suprir a vossa carência. Assim haverá igualdade, como está escrito: 'Quem recolheu muito não teve de sobra e quem recolheu pouco não teve falta'" (2 Coríntios 8,13-15).

Como parte de minha nova missão, presto consultoria voluntária no setor de mobilização de recursos a uma outra organização que também cuida de pessoas deficientes. Quero replicar os modelos que deram certo em minha atividade como gestora na OSC anterior e já estipulei uma meta de levar mais mil doadores fixos à instituição para a qual estou prestando consultoria, para tentar diminuir a fila de espera dos que necessitam de atendimento. Tenho certeza de que essas ações pulverizadas em prol de várias causas podem ser muito gratificantes para mim e criar uma sinergia entre as prefeituras e as organizações da sociedade civil, a fim de ampliar e dar escala ao recebimento e destinação de doações e recursos na região onde estou atuando. É de extrema importância ter um olhar sistêmico para o universo das OSCs que prestam serviços gratuitos de toda natureza e encurtar o caminho das doações, da origem ao destino.

Nesta minha nova fase, estou realizando visitas não somente às organizações da região onde vivo, mas de todo o Brasil. Como sempre tive o desejo de conhecer de perto as Obras Sociais da Irmã Dulce (OSID), fiz minha primeira viagem fora de São Paulo com essa finalidade em outubro de 2021. Quando cheguei, logo percebi o amor com que tudo aquilo foi construído e a excelência dos serviços prestados gratuitamente, em especial nas áreas da saúde e educação. As Obras Sociais da Irmã Dulce têm tudo a ver com o carisma de Santa Dulce dos Pobres. No complexo, há quatro centros de saúde de ponta: o Hospital da Criança, a Unidade de Alta Complexidade em Oncologia, o Centro de Convivência Irmã Dulce dos Pobres, com assistência às pessoas em sofrimento psíquico e em vulnerabilidade social, e o Centro de Acolhimento e Tratamento de Alcoolistas. Sem contar os projetos de apoio às crianças e aos idosos. A OSC, que começou em 1959 com o amor e o serviço admiráveis de Santa Dulce, realiza 2,2 milhões de procedimentos ambulatoriais por ano, conta com 954 leitos hospitalares, tem 3 mil funcionários (incluindo profissionais médicos) e acolhe 787 crianças e adolescentes no Centro Educacional. Diante dessa obra grandiosa, não há como não se encantar e ter esperança por uma sociedade mais cidadã e solidária.

Continuo animada para o trabalho voluntário, agora em voo solo. Sei que é possível ser solidária, é possível fazer o bem como Pessoa Física. Cada um tem que encontrar seu próprio caminho, sua própria causa e não ficar indiferente a tantos que precisam de ajuda. Desejo a todos, de coração, uma jornada abençoada na estrada do Terceiro Setor, levando adiante a missão de ser solidário a que somos chamados.

CAPÍTULO 6:
Minha experiência - Comunicação gera transparência
por Even Sacchi

Em minha carreira de repórter, tive contato com populações vulneráveis e suas chagas. Um repórter frequenta no mesmo dia palácios e favelas, presencia situações tristes e festivas; e nas favelas, sempre via muita gente que não tinha quase nada e que, mesmo assim, ajudava seus vizinhos; um desprendimento que me comovia e imprimia em mim uma marca, não somente como profissional, mas especialmente como ser humano. Não posso deixar de dizer que vi muitas ações de solidariedade também entre os mais abastados. Depois que fui para o Terceiro Setor como jornalista voluntária da OSC Rainha da Paz, com muita alegria via essa atitude de entrega ao outro se repetir em minha caminhada; e como isso nos enche de esperança em construirmos um mundo mais humano!

Confesso que quando fui convidada para me voluntariar na equipe de comunicação, marketing e captação de recursos dessa organização, não tinha a noção exata da dimensão e da magnitude dessa função que assumi. Foram dois anos e meio fazendo reportagens, entrevistas, escrevendo e editando o informativo da entidade, um trabalho que me ensinou muito não somente sobre a importância da área de comunicação em uma OSC, mas sobre o compromisso valoroso e sincero que todos os voluntários e colaboradores se empenham para honrar do começo ao fim de cada dia. E, não raro, as entrevistas com beneficiários e suas famílias produziam sentimentos intensos em meu coração.

Como disse, na área em que eu atuava como voluntária, estava englobada a captação de recursos. As ações dessas duas importantes áreas andam de mãos dadas e, a depender de sua interação, podem potencializar os resultados positivos da organização. O zelo com as informações de caráter financeiro e relativas às ações da OSC cria confiabilidade perante os apoiadores e toda a comunidade, produzindo as credenciais para buscar outros doadores, especialmente os que contribuem de maneira fiel, ou seja, não somente fazendo doações para este ou aquele projeto, mas dando sustentabilidade à manutenção da OSC e à continuidade dos atendimentos de seus beneficiários.

Olhando para trás, fico feliz em ter auxiliado na divulgação dos projetos maravilhosos daquela organização. Afinal, a visibilidade de um projeto eleva à enésima potência sua capilaridade e abrangência, contribuindo para uma captação mais robusta e consciente de recursos. Procurei desenvolver um trabalho profissional de comunicação e de assessoria de imprensa, convidando os pares da área para conhecer a causa da OSC, que cuida de pessoas com deficiências múltiplas; além de seus projetos sazonais.

Hoje, com tantas organizações sociais e o aumento da competitividade para obter parceiros e recursos, fica premente a necessidade de investir em uma equipe proativa na área da comunicação. Sem dúvida, informativos, vídeos e redes sociais, além das cartas de agradecimento e divulgação dos balanços, são aliados imprescindíveis para dar caráter visível às ações e mostrar a transparência em todos os setores da organização.

A comunicação tem um papel social dos mais importantes, pois é consenso que é capaz de elevar a consciência humana. Explicar em detalhes a causa, o propósito, os valores de uma organização é criar um material que pode ser usado inclusive em palestras nas empresas e conquistar o voluntariado empresarial para ajudar na divulgação de todos os projetos que vierem a ser idealizados dentro da OSC. O material jornalístico serve de apoio para os que têm o desejo de ser multiplicadores dos anseios e necessidades de qualquer organização, por isso, torna-se necessário traçar estratégias precisas de comunicação junto aos gestores e atualizá-las sempre. Comunicação para cultivar a transparência: essa é a principal missão de um jornalista dentro de uma OSC.

Há que se dizer que o profissional de imprensa deve ter afinidade com a causa que vai abraçar e confiança total nos processos e na gestão da organização para a qual vai trabalhar. Muitas vezes, dei meu testemunho durante as reportagens que fazia como complemento da informação; isso não acontece sem a crença na alta estatura moral da OSC.

CAPÍTULO 7:
O QUE MOVE A GRANDE MAIORIA DOS VOLUNTÁRIOS É A SOLIDARIEDADE

A afirmação que trazemos no título faz parte da Pesquisa Voluntariado no Brasil 2021 (divulgada em abril de 2022), que demonstra a importância e o poder do voluntariado. Esta é a terceira edição da série histórica da pesquisa do voluntariado, que teve início em 2001. Silvia Naccache, coordenadora do projeto em 2021, participou das edições anteriores.

De acordo com a pesquisa, realizada pelo IDIS e Datafolha e que traça o panorama de duas décadas de voluntariado no país, o Brasil conta com 57 milhões de voluntários ativos.

Representados nos mais diversos segmentos, desde organizações educacionais a instituições que atuam em causas emergenciais humanitárias, eles coordenam campanhas de distribuição de alimentos, resgatam animais, contribuem com mobilizações ligadas à saúde, compartilham seus conhecimentos. Os voluntários doam seu tempo, energia e talento em prol de causas em que acreditam. São essenciais para que organizações da sociedade civil atinjam suas missões e, durante a pandemia, fizeram a diferença e impactaram positivamente a vida de milhares de pessoas.

Os resultados do levantamento apontam resultados positivos: 56% da população adulta dizem fazer ou já terem feito alguma atividade voluntária na vida. Em 2011, esse número representava 25% da população e, em 2001, apenas 18%. Chama atenção também o número de voluntários ativos no momento da pesquisa – 34% dos entrevistados, o que representa cerca de 57 milhões de brasileiros comprometidos com atividades voluntárias.

Tanto a quantidade de pessoas envolvidas com o voluntariado aumentou, quanto as horas dedicadas à atividade. Se a quantidade média de dedicação por pessoa era de 5 horas mensais em 2011, a pesquisa de 2021 aponta a média de 18 horas mensais. Assim, cada voluntário brasileiro contribuiu, em média, por mês, o equivalente a 12 partidas de futebol inteiras.

A atenção do voluntariado voltou-se como nunca a alguns públicos, como: famílias e comunidades (de 12% em 2011 para 35% em 2021), e pessoas em situação de rua (com aumento de 20 pontos percentuais em relação à pesquisa anterior).

Em relação à pandemia, mesmo com o isolamento social, 47% dos voluntários passaram a praticar mais o voluntariado, tendo como atividade mais comum a distribuição de recursos (61%). No período, 21% passaram a fazer atividades voluntárias *on-line*, sendo as mais comuns as atividades de apoio psicológico e de educação.

Ao serem questionados sobre a satisfação com a atividade realizada, a nota média atribuída pelos voluntários foi de 9,1, de um total de 10. A motivação para a realização de uma atividade voluntária também ganhou contornos mais bem definidos na última década. Solidariedade ainda é a palavra que melhor a descreve, passando de 67% para 74%. Nesta linha, a pesquisa também mostra que, além de doar tempo, os voluntários têm o hábito de contribuir de outras formas: 95% também doam bens, como alimentos, roupas ou brinquedos, e 50% declaram também doar dinheiro para causas e organizações.

Voluntariado empresarial: 15% dos voluntários realizam atividades ligadas a programas de voluntariado empresarial e dedicam, em média, 21,5 horas por mês.[1]

Dois pontos merecem atenção e precisam ser acompanhados: 55% dos entrevistados dizem não conhecer a Lei do Serviço Voluntário (Lei nº 9.608), que regulariza a atividade no país, e 81% nunca assinaram nenhum Termo de Adesão ao Serviço Voluntário.

Os resultados completos estão disponíveis em www.pesquisavoluntariado.org.br

---

1 https://www.idis.org.br/o-brasil-conta-com-57-milhoes-de-voluntarios-ativos-segundo-pesquisa-voluntariado-no-brasil-2021/

CAPÍTULO 8:
O RETORNO POSITIVO DAS EMPRESAS QUE DOAM E SEGUEM PRÁTICAS DE ESG E COMPLIANCE

Um estudo da Escola de Finanças e Contabilidade da Universidade de Estudos e Comércio Internacional de Fuzhou (China), desenvolvido pelo Prof. Hui-Cheng Yu e divulgado em 2020 – aliás, um dos poucos formatados nessa área –, dá conta de que as doações filantrópicas corporativas trazem resultados positivos e contribuem com o crescimento sustentável das corporações. Para fazer o estudo, foi analisada uma amostra de empresas chinesas que tinham necessidade de mitigação de impactos ambientais ou referente a populações impactadas por suas atividades, com a intenção de verificar as motivações por trás da filantropia corporativa.

O trabalho acadêmico supõe que as doações empresariais para organizações da sociedade civil ou projetos sociais esporádicos podem levar a um melhor desempenho da empresa ou a uma melhor imagem corporativa, e estão significativamente relacionadas a todos os indicadores de desempenho da empresa que doa.

As doações filantrópicas corporativas sempre estiveram no foco da atenção da mídia, que identifica e dá visibilidade às atividades sociais das empresas. Por meio das doações, portanto, as corporações podem melhorar sua reputação e seu relacionamento com as partes interessadas, mudando o foco de seus impactos negativos para os impactos benéficos de suas ações filantrópicas.

As grandes empresas são as que mais doam recursos financeiros e se engajam em campanhas sociais, criando um ambiente mais favorável para o relacionamento com seus *stakeholders*, trazendo benefícios e uma vantagem competitiva orientada para seu desenvolvimento sustentável.[1]

Fazemos aqui uma relação entre o estudo apresentado e as práticas de ESG (Environmental, Social and Governance, em português: práticas ambientais, sociais e de governança), que mais e mais empresas adotam inclusive no Brasil.

A sigla ESG surgiu em um relatório de 2005 intitulado "Who Cares Wins" ("Quem cuida ganha"), resultado de uma iniciativa liderada pela ONU (Organização das Nações Unidas). As práticas que seguem os princípios embutidos no ESG demonstram o quanto a empresa está comprometida em encontrar formas de diminuir seus impactos negativos no meio ambiente, na vida das pessoas e em manter os melhores processos de administração. Os benefícios para a própria empresa vêm em forma de boa reputação e bons resultados financeiros, sendo uma forma de pontuação de crédito social.

De acordo com o levantamento Brasil Giving 2020, os brasileiros olham positivamente para as empresas que apoiam organizações sociais: 71% concordam que estariam mais inclinados a comprar um produto ou serviço de uma empresa que doa a causas sociais ou que apoia sua comunidade local.

---

1 A edição atual e o arquivo de texto completo estão disponíveis no Emerald Insight em: https://www.emerald.com/insight/0262-1711.htm

A maioria dos brasileiros (86%) concorda que as empresas devem ser abertas e transparentes quanto a doações para organizações sociais. No entanto, há uma concordância menor com a afirmação de que as empresas têm a obrigação de doar para organizações sociais, com apenas metade dos brasileiros mostrando-se de acordo com isso (51%). E 80% concordam que as organizações sociais e organizações sem fins lucrativos devem fazer parcerias com empresas para atingir seus objetivos.[2]

Além do conceito de ESG, citamos os procedimentos empresariais que seguem os pilares do *compliance*; afinal, os consumidores estão muito mais atentos à conduta ética do mundo corporativo para escolher de quem comprar produtos e serviços. A palavra *compliance* vem do verbo em inglês "*to comply*", que quer dizer cumprir, estar de acordo, ou seja, define as condutas que devem obedecer às leis, normas e procedimentos internos das organizações, primando pela ética de todos na empresa.

As empresas e organizações da sociedade civil que adotam esses dois conceitos – ESG e Compliance – definitivamente contribuem com o bem e o aprimoramento de toda a sociedade.

---

[2] https://www.idis.org.br/publicacoesidis/brasil-giving-report-2020/

AS AUTORAS

A paraense Marcia Bortolanza é psicóloga e contabilista por formação, empresária do ramo alimentício e empreendedora social, atuando como doadora e voluntária – em parceria com organizações da sociedade civil de todo o país – na mobilização de recursos para inúmeras causas. Entre seus trabalhos mais recentes e expressivos, foi diretora voluntária de comunicação, *marketing* e captação de recursos da OSC Rainha da Paz, que cuida de pessoas com deficiências múltiplas e de suas famílias. Casada há 34 anos, Marcia tem dois filhos.

A paulistana Even Sacchi é jornalista. Atuou como repórter e editora na TV Globo, editora-chefe de telejornal na Band e editora de Política no SBT, entre outros trabalhos jornalísticos, inclusive como voluntária na Associação Beneficente Rainha da Paz. Even é casada há 37 anos e tem uma filha. Atualmente, dedica-se a pesquisas para obras literárias.

Lista de cursos, editais de formação para gestores, além de sites para buscar informações sobre ONGs e negócios de impacto social.

- **Fundação Salvador Arena** - http://www.fundacaosalvadorarena.org.br/
- **AMazilia** - https://amazilia.org.br/
- **IGESC** - https://fiaigesc.fia.com.br/
- **Instituo Legado** - https://institutolegado.org/
- **Empreende aí** - https://empreendeai.com.br/
- **Impact Academy da Pipe.Social** - https://pipe.social/impact-academy
- **Quintessa** - https://www.quintessa.org.br/
- **Sebrae** - https://www.sebrae.com.br/sites/PortalSebrae
- **Kaleydos** - http://kaleydos.com.br/
- **Yunus Negócios Social** - https://www.yunusnegociossociais.com/
- **ICE – Instituto de Cidadania Empresarial** - https://ice.org.br/
- **Rede Filantropia** - https://www.filantropia.ong/
- **ABCR** - https://captadores.org.br/
- **IDIS** - https://www.idis.org.br/
- **Mapa das OSCs** - https://mapaosc.ipea.gov.br/
- **Fasfil – Fundações Privadas e Associações Sem Fins Lucrativos no Brasil** - https://www.ibge.gov.br/estatisticas/economicas/outras-estatisticas-economicas/9023-as-fundacoes-privadas-e-associacoes-sem-fins-lucrativos-no-brasil.html
- **Social Profit** - https://socialprofit.com.br/

"Pensar apenas em si mesmo é
o pai de todos os males."

Papa Francisco